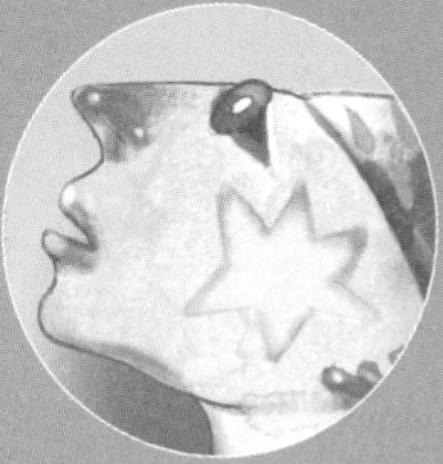

BOY

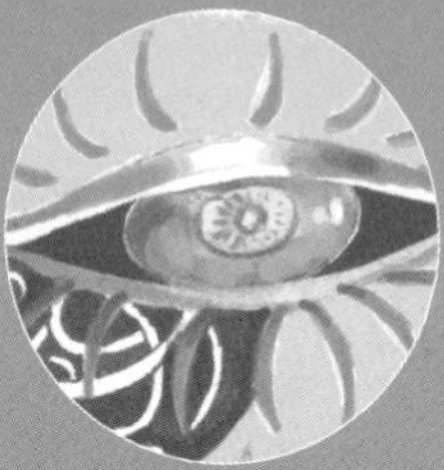

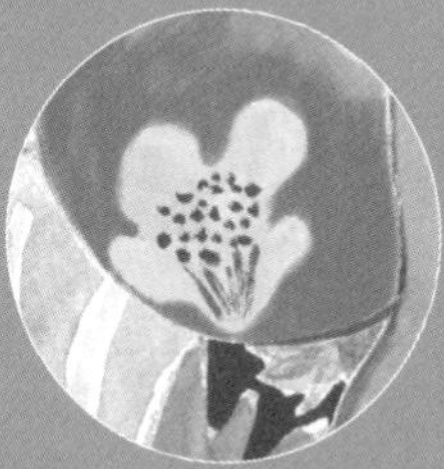

重返單身

許常德

◉作者序

或許就是一扇門

門，畢竟不是你。所以你從門內走到門外，門並沒有改變你什麼。

想改變，你就必須放掉門，相信自己，別被門牽著鼻子走。

說穿了就是要你去面對被你遺棄許久的獨立，要你去戒掉不能沒有他的依賴習慣。要跟一個人長久在一起，一旦養成依賴的習慣，那就表示你們的感情制式化了，就會停止生產那像博物館般存在著的、昨日的幸福。

你說，不會啊，你跟另一半每天都會親嘴牽手。

但我要說的是，每天都會親嘴牽手可能就是個制式，而偶爾的新鮮驚喜才是情感的活泉。

愛，根本不可能被掌握，只能撲上去感受，而大多數的情侶和夫妻都是掌握到關係，不一定能讓愛存活下來。但別小看感受，好的和不好的感受都會永留存。

所以你必須有能力遠離那些不好的，壞的經歷不一定感受都是壞的，好的經歷也不一定感受就是好的。感受好是一種能力，讓你可以從壞的經歷去得到好的收穫。

不少人以為那種不分離的掌握是愛，不分離，其實就是不放心和養成習慣的同義詞，都不是好的愛，都會留下不能沒有他又不斷懷疑他的後遺症。

不要被門框住，你就得把門想成是另一樣東西，想成它是個試煉，所以結果有很多可能。不要覺得一定會天長地久廝守到老，舒服地在一起才是唯一重要。

想像每次經過門都是一次成長的機會，都是一次新旅程的開始，都是換上新角色的幸運。

是的，重返單身，就是重返遼闊的原本世界。

許常德

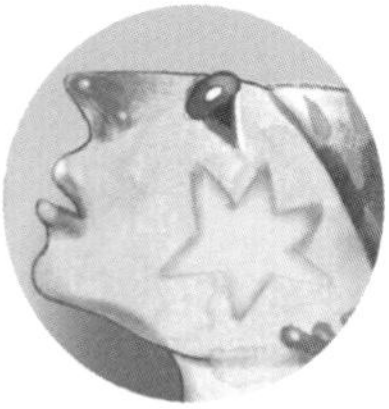

目次

CHAPTER

2

重返，那些早該想通的事

CHAPTER
3

單身的各種形態

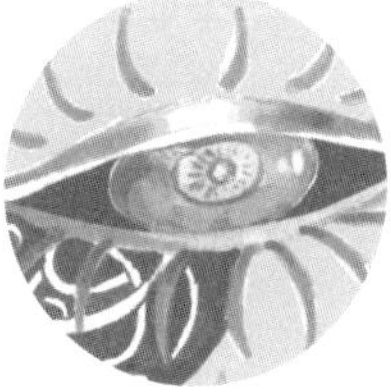

CHAPTER

1

重返單身

一切都不能照舊。

不要以為恢復單身，你就重返單身了。
重返是條可長可短可喜可悲可以有很多可能的一條路，
不要再像上次戀愛或結婚那樣輕率，
以為下了重重的決定就是開始，
以為盼了長長的期待就是完成。

重返單身

失去，其實是鬆綁，是那緊緊到有點用力的擁抱在放鬆。別哭，那不是死亡，那是要你學會的、有點距離的想望。

恢復單身後，會有很多感覺回不去……有很多失去感。

其實這都是全新世界剛開始出土的味道，白白的、荒荒的、粗粗的。像是打掉舊屋重新裝潢的時候，會裸露出那如磚塊鋼條般輕忽許久的本性、會拆掉曾經費心費錢費工妝點的身分、會有一箱箱打包好的舊回憶、會有要遺棄的感傷、會害怕不知道自己想要怎樣的未來……

但，沒有這些失去，你又怎能從驀然回首處看到那些不捨。

失去的，並沒有消失，它只是收藏在你內心的某個儲藏室裡。所有的經歷都不會消失，但要讓它有價值，你就必須給它復刻版的重新定義。讓它去蕪存菁，讓它去掉多餘的包裝，甚至讓它退休。給它一個新舞臺、新身分，那麼這個失去的人或記憶，就能把舊雨新知的感受都聚在一起，像去聽你那個時代的老歌演唱會，不只悼念傷逝的過去，還讓過去和今天的自己相遇。

至於失去的意義……請自己創作。你可以大膽假設，你可以的。想想失去帶給你什麼收穫，學到了什麼，引你去想哪些事。就算失去那個人那段情，雖失去，但也得到了甜美的孤獨；雖寂寞，但也回到自我。得到的雖不可口，卻是千真萬確的好。失去時的絕對痛苦都是因為執意某種擁有。

失去，其實是鬆綁，是那緊緊到有點用力的擁抱在放鬆。

別哭，那不是死亡，那是要你學會的、有點距離的想望。靜觀，也靜思。

每個人到老，都是單身

過去，這社會留給重返單身女性的參考範本要不就可憐兮兮，要不就辛苦轉型，不易看到其他型態，比如活得更豐富精彩、光鮮耀人。

這是一段艱困的路，艱困到你甚至不知道可以棄守，甚至不願放手。

也許你什麼都失控了，原本你以為可以掌控一輩子的幸福配備全都變了調，還可能攬了放不掉的重責在心上，害怕這個家沒了你怎麼辦？

但事實是……你沒有他們怎麼辦？

就像要搬家前的收拾，哪些該丟？哪些要留？哪些要送？哪些要燒？哪些要討？哪些真的要放下？這些來來回回的盤算，那些依依不捨的習慣，如果全都要在意，就會吸乾你的力氣。你到底在好強什麼呢？

那些把離婚或分手看成是世界末日的人，都是把感情關係抓得死死的人，不然不會讓自己養成這麼狹隘的習慣，既無路可退，又無處可去。

人老的時候，大多數都是一個人過，你懂嗎？跟一個人結婚，有一半的機會中途離婚，你想過嗎？當你把另一半的分量看得比自己還重的時候，遇到不能兩全的狀態，你就會先放棄自己的需求。別以為那是什麼偉大的犧牲，其實是不得已的下注，而且你都會把帳算在心裡。就像賭徒，每一次退讓，就是一次下注，當你把時間都投了下去，當你把期待一層層地加上去……累積到一個高度，你就沒有回頭路了。

然後你會很不甘心，你會很害怕，這可不是搬家那麼簡單，這可能牽涉到信心的崩盤，難戒的習慣，以及未來的茫然。過去，重返單身的女性大多數都自慚形穢，這社會留給她們參考的範本要不就可憐兮兮，要不就辛苦轉型，不易看到其他型態，比如活得更豐富精彩、光鮮耀人。

其實這一次放下，大多數放掉的都是沉重的責任和難解的糾纏，愛早就稀少，除非要把念舊情也算進來，所以你應該是很放鬆的。但大家期待看到的是你受害受苦的反應，好像這樣比較符合你專情的定位，所以你才會忘了放鬆，而去怨懟，怨懟他為何不能如當初的承諾守住真愛。

新生

不要害怕你的想像超越你的經驗，也不用擔心離原先的那個傳統太遠，這是你的心、你的愛，如同一張白紙，請盡情揮灑。

不管上一個階段有多苦、多慘敗、多倒楣，那都是上一個階段了。能遠離讓你那麼不暢快的人，不是好事嗎？

或許你離開的剛好是相反的對象，是個迷人又多金又老實又把你捧在手掌心的人，即使如此，你也應該開心離開。因為不懂得在幸福的顛峰滿足並退場的人，接下來極可能要面對的就是變化。時間越長，變化的可能性就激增，不是他不夠好，是人本來就不該這麼無限度地期待感情的完美。

人生就是一本長篇大書，你必須有畫出章節的能力，否則很容易歹戲拖棚。沒有幾個人懂得生命的節奏需要有所起伏，太想要風平浪靜，反而會陷入一種過度掌控，以為乖乖的壓抑情緒、抵擋誘惑，就是遵守承諾，以為我控制你、你控制我就是平衡。是的，你們也許就是教育部認可的模範生，但這個分數的標準不一定和學校以外的人生一樣。

畫出章節的意思是，可以用時間做出段落。比如每隔三年檢視一下你們的關係，不要為你們的關係扣上天長地久的大帽子。你我都不要再欺騙自己了，喊出那樣的口號，做那樣的大夢，不代表什麼意義，連起碼的保障都沒有。

檢視的方式，就是聽聽對方的感受，只要傾聽，不要辯論，更不要想征服。不論對方說的有沒有道理，都是他的難受，要和他繼續生活下去，沒有這種耐性，愛又在哪裡？這個檢視沒有目的，不是跟對方乞討或控訴什麼，是要聽者聽了以後自動自願地關心，沒有假設結果的傾吐，才會幫助雙方找到純粹的感覺。

檢視之後，有可能感動地分手，也有可能更體諒地繼續，讓每個結果都是好的，給緣分自由，就是給自己的心遼闊。

怕失去，不是因為愛還濃，是養成了擁有的老習慣。失去後持續痛苦、持續空洞著，那是因為已懶得再找更適合的人，寧願毫無

交集關係粗糙地在一起。所以都不是因為愛，失去愛的人，是不會讓心空洞的，是你的心為了愛一個人，在一開始就為對方掏空，想裝進全部的他，才會在他離開你以後，心變得全空了。這證明你愛人的方式，一開始就沒打算保有自己。

這是全新一章的開頭，你要學習自創，不要別人說該戀愛就去戀愛，不要大家排隊買套餐你就傻呼呼地跟上去，你要知道你需要什麼、不需要什麼，請單點，單點才不會浪費和制式化。也許你一年只需要三次做愛，甚至也可以全都ＤＩＹ；也許你根本不想和人戀愛，更不願同居；也許你渴望的婚姻是不用住在同一個屋簷下，每個月我來你這邊住幾天，你來我這裡住幾天，等有了孩子，我們住在一起是因為我們是孩子的父母，不一定是夫妻。

不要害怕你的想像超越了經驗，也不用擔心離原先那個傳統太遠，這是你的心、你的愛，不是大家的娛樂，你知道自己自有分寸，你需要去大膽想像，因為你沒有想像的能力很久了。

想，不會只有一次。你會反覆地想，你花的心力越多，你努力去追求的東西才越有焦點。這是可以變化多端的可愛世界，不是先前你被恐嚇又吹捧的那個可怕又看似完美的矛盾關係。誰說放你自由你就會亂搞？擔心會亂搞的人，根本不相信人是可以不用控制就自愛的。

很簡單，請進，就是一張白紙，請盡情揮灑，請嚴謹實驗，請相信人性就是這麼不完美。請輕盈，請不要再以淚洗面地抓著你所謂的「永遠」不放。

叮嚀就好

叮嚀如雨，太多，會淹了愛情；太少，冷漠就侵犯。剛剛好的叮嚀，聽到的，說出的，都是樂章。

叮嚀就好。像唱一首歌一樣輕輕哼唱，越輕越好。

不管他記不記得忘不忘記，你都要不掛心地接受，再好的叮嚀，都需要天時地利人和地幫忙，否則叮嚀不會芬芳。

最好是，你愛的人離你越遠；越遠，越不會彼此傷害，越能保有想像。

太易獲得，面對的是極可能的、無味的擱置。

介入對方太多的危險是，發現太多不能消化的在意，不一定能得到更多的安全感，甚至會養成不得不大聲訓斥的嘴臉。

不輕盈，愛就被嚇跑了。

如果能，連叮嚀都不要，化叮嚀於更不貪心的體貼，把他當一棵樹般地愛著，當他不在你身邊的時候，他就是一棵樹，而你會怎麼和一棵樹互動呢？你不會擔心他，你不用追蹤他，你不必改變他，你要知道，一棵樹對你的無害。

不要以為想要霸占一個人是天生的。愛的索求，都是受大眾集體意識學來的，不是你的本能需求。

不論是不是樹，你都要把他放在尊重你的距離，把他轉變成舒服陪伴的那個人，讓他單純地存在你的心裡，把他變成你心中最小卻最溫柔的部分靈魂。

是這個想像，成就你的愛情，不是這個人。想擁有這個人讓愛情複雜沉重起來，少擁有，就少複雜少沉重，就能比較輕盈，輕盈到忘了要擁有時，愛情就抓著你不放了。

叮嚀如雨，太多，會溼了愛情；太少，冷漠就侵犯。剛剛好的叮嚀，聽到的，說出的，都是樂章。

現在他又回去他的天涯了，你們又在這一世的命運裡各自漂泊，這段時間的分離是必要的。沒有這樣的理性，感性就不會回到你們之間。

重返單身十大箴言

1. 約聘制的愛情，才不會掉以輕心

一對學生情侶坐在我對面，我教他們如何分手。

我說，每年的最後一天，都要寫一封信給對方，說說這一年有哪些收穫哪些感受，並答覆是否再繼續交往。

這個回顧，讓你得到珍惜；這個答覆，讓你不再掉以輕心，自以為是。

2. 放下條件，才能享愛

這一次，請你把條件忘掉，單純地嘗愛。

不要擁有額外的負擔，那些挑戰就算成功，也不一定能換到你要的愛，不要再讓自己陷入暗無天日的期待，只享受當下。

只有全力以赴在當下，你就算失去什麼都不遺憾，就算得到什麼也不貪心。

3. 迷信專一，是沒看懂愛

可以同時愛上兩個人嗎？

當然可以，不然小三小四怎麼來的。

妳又問，可是愛小三時，還對大老婆有愛嗎？

有的，難道妳以為跟妳打得火熱時是愛嗎？那是欲望的高峰，不是愛。

愛是欲望熄滅後的樣子。

4. 遠遠的想念，勝過絕然遺忘

為什麼恢復單身後還是想著他？怎麼放掉呢？

不用放掉，換一種方式想他。

現在他又回去他的天涯了，你們又在這一世的命運裡各自漂泊，如果有一天你們又在某一刻碰頭，那時候你會發現，這段時間的分離是必要的。沒有這樣的理性，感性就不會回到你們之間。就遠遠地想他，像遙望月亮那樣。

5. 單身未必就是一個人

可以一輩子單身嗎？你怕嗎？

其實每個人都是單身，都是一輩子單身。只是你以為你不可以這樣，不然是命運淒涼。

單身，不一定是一個人；兩個人，也不一定是兩個人。

不要把你的渴望，變成你的命運，那是種心存僥倖的冒險。

6. 選擇留下，就不可能灑脫

可以做一個什麼都不要的小三嗎？

這不是可不可以，這是種自欺欺人。

如果什麼都不要，妳早就離開了。如果妳以為妳留下來只是要跟他做愛，那妳就太小看妳的欲望。妳的什麼都不要，是因為妳知道很難要得到，與其強烈期盼後嚴重落空，不如先告訴自己什麼都不要。

所以不是不要，是不敢要。

7. 只有信任會帶來猜疑

懷疑是信任之母，當你想確定他是不是值得你信任時，你就會像個歌唱評審老師，仔細聽他的細節並找出毛病，完全沒法放鬆地欣賞這歌者唱歌。

找毛病的愛法，會越來越沒法愛，因為人的問題是越找越多的，人的胡思亂想是很容易培養的。當你在愛他的情緒中放進很多對信任的期待，你的愛就會被這些期待給稀釋。你漸漸會把愛變成對他的獎賞，獎賞很容易形式化，成為你愛他唯一的路徑。

與其把信任當作主餐，不如放過信任。信任不但不會帶給你安全感，反而讓你從此對他無盡的猜疑。也許你該知道，人是不能那麼信任的，誰都無法照你想的方式存在。

不要把你的恐懼化妝成信任，你的問題其實就是怕失去他，怕失去你很不信任的他，這樣的心態不用小三出馬就會天搖地動。把信任丟到廚餘裡吧！那是餿掉的、不安的感情。

8. 能獨立的人，關係才健康

當男女的經濟越來越平等以後，婚姻就會變得越來越難成立，因為以前的離婚率會那麼低，不是因為感情好或重責任，而是以前的女性婚後為了帶小孩，漸漸失去獨立的能力。那些在婚姻裡長期忍氣吞聲的人，在這個時代會覺醒的，他們知道就算要為了小孩，離婚比不肯離婚卻不斷爭吵的已婚狀態還要健康和實在。

9. 性愛的存在，不是為了定義關係

有些人覺得性在長期伴侶的關係中會漸漸變得不重要，有些人卻把性搞得像愛還在不在的證明。

不性就不愛，或把性當作例行打卡，都是對愛的侮辱，也是對性的不尊重。愛是雲，性是雨，明明是一體，卻要比個孰重孰輕，堆積了滿天卻不下雨的烏雲，也是自然界的一種樣貌。

不用慌張，也許只是需要溫柔又進步的人造雨技術罷了。

10. 所有的痛，都是考驗

一切的考題都是為了成就你今日的悟透與成長。

它們都是你生命的風、生命的雨，也是你生命的刀與針。它們雕刻你的智慧，織補你的勇氣，沒有這個過程，你沒有辦法成為今日的你，用成長的收穫來描繪成長的艱辛。

我們都曾被味道引誘，我們都曾給愛情寂寞，
我們要的真的都不多，但為何連這麼卑微的祈求都那麼難得？

有過珍惜的失去是不會受傷的，受傷的都是自己騙自己。只要你還能感受和思考，你的人生就能變化。

你是一片落葉

就算你是一片落葉，你都要優雅一點，不要只想到枯黃，不要覺得是盡頭。優雅會幫你消災解厄，讓你不至於太好強，讓你肯停下來止血，讓你能像個觀眾在電影院裡觀賞過往。

離開一棵樹，有千百種方法，但通常我們都任由命運安排，總是在逼不得已的情況下被迫分離，所以總是不捨，總是悲傷，總是感嘆。然而，還有自己主宰的一條路，就是先接受有一天會分離，而分離的原因有以下幾種——生離死別、失去相愛相處的意願、利益的考慮、局勢的介入、第三者篡位成功、決定各自祝福重返單身……有心理準備的好處是讓自己有後路可退。

一如，一年只給你十天假期，絕對比給你三百天假期來得讓你更珍惜。同樣的，告訴你只能和他相愛一百天，一定比允許你們直到永遠更讓你們滿足。

有過珍惜的失去是不會受傷的。受傷的都是自己騙自己，騙自己那些都是那個人或命運傷的，絕不懷疑是自己害怕分離，不管是自願或被迫。就像你不會也不願預想孩子有機會比你早逝，那是一種依戀後產生的逃避，逃避久了，就會累積很深的埋怨，而且很相信都是別人造成。

作為一片落葉，是何等的進階，它可以讓你飄起來看這世界，不再是孤伶伶地掛在那兒隨風擺動，不能悲觀和樂觀一起看待的人生，難怪連救自己的想像力都沒有。

你啊，是一片落葉，有權指揮你的去處，你的視野，你的態度。夢啊，為你醒來吧！你要給自己信心喊話，因為你在呆板的上個世代存活太久了，你必須明白你的慣性不易消除，你還以為生命的全部就是那棵樹。但不是啊！這次離開是全新的一頁，不是結束。

但你會問，如果是走到生命的盡頭呢？沒有盡頭這件事，「盡

頭」只是泛指一個階段的盡頭，不是全部的盡頭。真要有那種全部的盡頭，也是毀滅後重生。有毀滅，就有重生。

沒有重生，也不會有毀滅。

只要你還能感受和思考，你的人生就能變化。只要你是落葉，你就能選擇去變成很會旅行的落葉，很生命力地變化著，代表你很有彈性，不會受困於自己的固執。

離開一棵樹，拉開更大世界的序幕。

結了婚，就不要愛了嗎？

在婚姻裡沒有愛情，原本真的沒什麼，就怕妳不能沒有愛情，就怕你把愛情當作要命的面子，把有無做愛想成是基本分數。

已婚的你，真的不要愛情了嗎？

就算是單身，愛情也不是必需品，更何況是對已婚的人，尤其不能指望有愛情。在婚姻裡沒有愛情是很容易的，雖然有些夫妻會認為他們那種沒有外遇也不吵架的關係也算是另類的愛情，但不管是什麼原因，沒有愛情，你會認命嗎？沒有，你會擔憂嗎？沒有，你會另外想辦法嗎？

走進婚姻裡的人都會要求對方對自己忠貞，當然，他們也知道自己該為對方忠貞，那時，他們心裡真的是這麼想。只是走進婚姻後，有一半的人會因為各種壓力過大而無心享有愛情，那些會把愛情擠下排行榜的壓力，有的來自經濟、有的來自親友介入、有的是外遇、有的個性不合、有的態度不成熟、有的是膩了……這些事他們在婚前並非一無所知，而是想有什麼用呢？哪裡有解決問題的方法？談戀愛後的結果不都是要結婚生子嗎？

剛開始，因為孩子，因為忙著買房子車子而工作量激增，忙和壓力是忽略愛情的好藉口。你們很安心地相信這個大家都採用的理由，但漸漸的，每一次不滿的累積都會讓你們離愛情越來越遠。在愛情裡的人，是不會粗言暴語的，是不會平常生活就滿足的，婚姻裡的平常日子過得還不夠嗎？距離上次兩個人的約會有多久了呢？

也許大家的說法都一致——太忙了。尤其是有了孩子以後，孩子真的太誘人，雙方都陷進孩子味的誘惑，但這段時間也是雙方事業壓力最忙碌的階段，大家都想用最快的速度給婚姻的未來有個永恆的保障，給孩子最完整的配備，卻忽略了這麼用力的過程會付出什麼代價，會流失哪個部分的自己？

其實，在婚姻裡，不管你在其中失去什麼或得到什麼，都是你的選擇，無關對錯。但你對你的選擇有心甘情願嗎？你真的知道你在選擇什麼嗎？還是你根本別無選擇，只是跟著別人的選擇去選擇？當你的選擇不是你的需求，你就可能覺得自己在犧牲，但這絕對不是無條件的。只要不如願，這犧牲就會變成怨氣，壓抑不住時，絕對加倍奉還。而這怨氣和選擇都是同一種態度，也是向別人學來的，不是你的真正心情。

在婚姻裡沒有愛情，原本真的沒什麼，因為婚姻裡還有跟愛情、跟性無關的、其他很棒的價值。就像你到了一個美食街，當初你們是因為草莓霜淇淋來的，等到買了長期餐券，你們就變成了常客。你們帶了孩子來，也找了朋友，不知不覺，你們在這條美食街的選擇也就改變了，距離上次品嘗霜淇淋也不知多久了。也許你不像青春時期的你那麼愛聽演唱會了，想起來有點遺憾和心酸，但人生怎能完美？

就怕你不能沒有愛情，就怕你把愛情當作要命的面子，把有無做愛想成是基本分數，你將別人看不到的部分精心掩飾得很巧妙，你甚至不知道，其實根本沒人關心你們有無愛情，反而是你在心

裡一直暗地心虛著。

沒有，真的很放鬆。彼此要忠貞和對方做愛一輩子，本來是很絕美的一件事，進入婚姻變成規定後，就成了最不人性的、一個難解的矛盾。沒有心甘情願，這個規定就會很諷刺，很殘忍。

沒有做愛，你們夫妻的感情就虛掉了嗎？很多老公覺得ＤＩＹ反而比較輕鬆簡單，尤其老婆忙家務忙孩子忙到毫無性趣時。當然，ＤＩＹ不是愛情，只是，愛情需要閒情逸致，但婚姻裡常常不是你要我忙，就是我想你累，連做愛都那麼難找到兩人都想做的時機，愛情就更遙遠了。

大多數的人都不想做背叛愛情的人，大多數人也慢慢了解婚姻裡有很多困住愛情的時候，如果你是個沒有愛情不行的人，你就會很苦。也許有人會說，要一直有愛情就不該結婚，但我們的時代到今天還不是能完全讓大家在婚姻和感情上做主，連選項都只有一種，不結婚行嗎？太多人會給你壓力，太少人會允許你誠實地追求愛情。

愛情，在每個時代都在革命。日本也跟上歐美的腳步，許多夫妻都有共同的家庭目標，也各自有暗地的性伴侶，甚至有彼此都知道的性伴侶，他們的進步是，當你越能把愛跟性、責任、陪伴分清楚，你越不會把所有的期待變成壓力，加諸到另一方身上。

不要做一個只是跟自己過去習慣有點不一樣就怕得要死的人，人永遠都是單身的。這一生，除非你想把範圍縮小成婚姻，或者把自己殖民到自己愛的人身上。

愛一個人，愛到沒有自己，怎麼可以？

離婚後，不一定是單身

重返單身跟進入婚姻一樣，需要學習，首先要學習獨立。任何依附某種身分而生的安全感都是可笑的，你會忘了你原來的自己。

單身是一種生活型態，不是法定身分。

當你從兩人屋子搬到了單身公寓，當你和他簽字離婚，當你一個人時，如果還記掛著他在做什麼？還想為他做什麼？期待兩人重新開始？甚至你不知道怎麼過一個人的生活？那你……離婚後不一定是單身。

重返單身跟進入婚姻一樣，需要學習。首先要學習獨立，因為進入婚姻後，大多數的人都先放棄獨立，總把自己的人生和婚姻裡的人綁在一起，好像太獨立就是太自私，好像這個婚姻沒有你不行，好像再扛不起的責任都要硬扛……

於是你漸漸沒有自己，家中誰的願望都比你的願望還重要，於是你養成了犧牲自己的習慣。原本以為是自己心甘情願的，但後來發現是心有不甘的，因為你把每個人照顧到他們什麼都不做地讓你付出，長此以往，你在心中累積的不滿，和自己養成的、不做就會難受的習慣，最終，讓你變成了極度扭曲的人，不知道自己是什麼定位的人。

別再費心思去分辨到底是誰造成這樣的結果，你只要拿起剪刀一刀剪斷，和過去瀟灑道別，當作是上一齣轟轟烈烈的連續劇之後的接檔新戲。若沒有重新開始的想像力，你只會頻頻回首過去，只為把自己困在過去。

昨日不遠，只是回不去了。

一如新生報到，你該好好正視你全新的時間表，這些多出空白的表格不是要你填寫對過去的感嘆，也不是要你裝些沒有意義的補習課程。想想你能為自己做些什麼？有沒有想過你可能是自己的經紀人？你需要鍛鍊、需要思考、需要計畫、需要新的定位，這個課程非常重要，沒失去過自己的人，不會明白擁有自己有多重要。

當然，這也是你經過離婚後才有的覺醒機會，沒有這次的刺激與考驗，你不會有機會翻到全新的一頁，只會像許多在婚姻裡沒有自己又諸多抱怨的人一樣，越老越沒勇氣面對問題，只會更執著於用力對待生命的型態，讓自己難受，也給家人壓力。

這是一條不容易、也有困難度的轉折，但再怎麼困難，還是比婚姻裡剪不斷理還亂的困難有意義。任何依附某種身分而生的安全感都是可笑的，你會忘了你原來的自己，你會越來越依賴身分帶給你的表面風光。是的，就是這種風光讓你迷失了方向。

車窗外

詞—許常德

雨落在車窗的驚慌
像當初你在我心上
是兩顆星球的碰撞
目炫
目盲

我們都驕傲地轉身
第一次愛情有點狠
一百零七天的旅程
體驗殘忍天真

那一年我和你私奔
那一年我還被你恨
我們的青春
一刻不等人
走人

當我又回到一個人
我意外發現有個人
一直在現實處不好
卻在思念
聽話乖巧
那一年我愛上別人

那一年你辛苦地等
所謂的永恆
原來是個夢

夢呢

夜色是寂寞的情人
它讓人想要一個吻
不後悔曾對你殘忍
不該同情
愛你的人

車窗外有一個遠方
車窗內藏了個過往
最美的心酸
如今用微笑
承擔

風穿過車窗的莽撞
像我在記憶的模樣
你還是像從前一樣
在我心上

被我典藏

千言萬語說新愛情

不要怕分手，分手和在一起一樣詭異，有的伴侶分手後記憶的芬芳仍不斷發散出來，或者總在分手後才又找到彼此舒服的距離。

其實，很多女人自以為用情專又深，但很可能是，都沒在愛對方，太多時間用在怕失去對方。怕失去對方就會做出一連串動作，比如猜疑、跟蹤、查勤，黏著問著不安著。

其實，我們都過度誇大了愛情和婚姻的正面性，好像愛情都沒有殺傷力，好像婚姻也都沒有壓力，既不需提醒，甚至不能否定它的價值。

不要怕分手，這樣你們在一起的型態才會更寬。分手和在一起一樣詭異，有的伴侶綁在一起心卻不在一起，有的分手後記憶的芬芳仍不斷發散出來，或者總在分手後才又找到彼此舒服的距離。別迷信婚姻帶來的夢幻，要相信你想和一個人完全切斷關係才不容易。

面對背叛，很多人都用盡全力去怨去恨，縱使怨是釘子恨是繩子，釘下去的可是自己的心，綑住的是自己的情，並不是對方。

所以沒有背叛這件事，只有他背對你遠去這個事實，分手時不瀟灑所要付的代價就是不快樂，不甘心不放手的結果就是你繼他背叛之後……你再背叛你自己。

其實，幸福來一趟不易，請輕鬆以待。

就算是要離開一個家也一樣。家真有那麼神聖嗎？變態者一旦成了人母人父，依然是變態者。不成熟的，不尊重人的，喜歡操控人的，有暴力傾向的……不會因為變成父母而改變，更可能因為家的保護傘而更嚴重，因為外人可不會讓這些爛人胡作非為。所以當有人想瞎了眼為家護航時，我也會把這些人歸為同類爛人，因為爛人的存在還是需要盲目又無知的支持者。

其實，什麼是家庭暴力？為什麼我們都不重視家庭暴力？不要以為打死人或有驗傷報告才是。家，其實很可能是最能收留齷齪的地方，因為，和愛一樣，我們都給家太崇高的地位，崇高到以

為那裡是避風港，其實裡頭藏有大量的獨裁者，藏有官官相護的暴力結構。

母親為了妥協於暴君而讓兒女長期受害的新聞，不是常見嗎？逼孩子結婚、孩子成年仍有門禁、不能自主選擇職業和交友、常以不給財產恐嚇家人，或是把病痛和討厭的個性留給下一代……漠視這樣狀況的人也是施暴者。

其實，我們的世俗社會裡，並沒有所謂的純愛情這回事，責任帶來錯綜複雜的人際關係，文化背景要你額外扛起義務，為了和你所愛的人一起持續擁有愛情的夢，你也把這一切的壓力開心扛下。只是，大家都避開該提醒的部分，並且掩蓋傷亡的人數，連提醒都怕，可見心裡有多大的鬼。

其實，把醜態傷口裸露出來，不但不是看壞愛的任何關係，更可能是比你更重視愛的關係。不重視，就會跟你一樣漠視，就會說

「哪一種愛沒有壓力和傷害呢？」、「這樣理性看待愛情還能在一起嗎？」是的，你應該知道，悲觀的人都怕觸及核心問題。

我們普遍誤解了長幼有序，高高在上就不可能有公道的平等溝通，沒有平等的溝通，就會招來說一套做一套和陽奉陰違，這樣的爾虞我詐在愛的包裝下，久了就會產生偽平衡——不吵架就代表感情好，不溝通就說成是包容，決定權總在最霸道的人手上。有多少家人是能理性地告訴自己：要尊重成年的家人、不能剝奪成年人追求感情、事業和夢想的決定權？做不到這點，這個家就是被你綁架而已。

其實，我們的人生就是旅程，時間是旅店，思考算不算是牙刷？懺悔是不是香皂？

為什麼跟你生活在一起，就一定要接受你的關心？你想過沒？

如果因為你是他的戀人，你對他的關心他都得接受，你覺得合理

嗎？還是有效的關心才能得分？別人不要的關心，請收回，再重新製造吧！

有些人住的城市戰事不斷，有些人則在單身公寓寂寞著。不過，寂寞是幸福的感受，沒有安定做背景，寂寞不會存在。

「相信」需要有厚實的態度，不然這「相信」可能禁不起任何期待落空。很多相信，都是盲目的豪賭，只是空洞的寄望，難怪那麼多人後悔。何謂厚實的態度？就是不管發生什麼事，都能放得下。

放不下，就證明你是盲目的相信。相信，本就該有最壞的打算，只想好結果，你就是背叛自己並誤解相信的意思。

千言萬語，只為了說新愛情的處境。

離婚後的第一年

學著不要說離了婚的那個人任何壞話，試著讓自己的生活均衡發展，好好深思，為什麼一個人過得好，兩個人一起生活就變糟？

不管你結了多少年之後才離婚，離婚之後面對感情生活，都要趁機檢討一下，檢討自己的感情目的、想想自己溝通的能力、看看自己有什麼魅力、反省自己到底在上一段婚姻投入多少時間和心力……

經歷了一次婚姻後，你該清楚婚姻裡的一切難題，都跟你的價值觀和態度有關，你越不在乎，你犯的錯就可能越離譜，婚姻裡的災情絕不是愛可以解決的，因為就是沒有了愛，才有那麼多互不相讓的問題。

有愛，就會讓。

離婚後的第一年，有人不適應，也有人很高興，這是個脫殼而出的新生活，就像學生生活結束後的大人生涯般，不適應和很期待都會一起出現。怎樣才不會玩到喪志，或是憂鬱到記憶裡？怎樣才能有意外的收穫，而不是糾結？告訴你一個簡單的理

論——在感情的世界裡，如果分手後會弄到自己得憂鬱症想自殺，或是心存報復無法再愛別人……不管誰對誰錯，把自己搞到這麼危險的人，都是你自己。為何要給自己的不快樂找理由？尤其這理由都是責怪他人，這樣的人就是談情說愛的高危險群，也就是不適合結婚的人。

大家嘴巴都知道愛沒有對錯，但一行動起來，總是喜歡爭對錯。如果離了婚就是仇人，那真要恭喜你離對了，因為分離之後還要懷恨在心就是一種病態，自己不放過自己的病態。如果離了婚還要住在一起，或因孩子而有來往，能回到朋友的距離，或許你們之間久違的禮貌就會出現。不管是怎樣的狀況，離婚後的第一年，還是要把自己從混濁的狀態裡清澈出來，你不好，任何人與事染上你也會變得不好。

你不就是因為兩個人過得不好才離婚的嗎？讓自己好起來，不僅可以證明你可以過如你意的生活，還能為下一段戀情鋪上平順的跑道。一個天天抱怨上一段感情的人最笨，你以為大家都在同情你的處境嗎？不，大家只是被你的片面之詞影響罷了，他們就算嘴巴站在你這邊，心裡對你這種放不下的陰暗表現可都是深深刻印。

離婚後的第一年，學著不要說離了婚的那個人任何壞話，試著讓自己的生活均衡發展，好好深思，為什麼一個人過得好，兩個人一起生活就變糟？愛，只是婚姻裡的假期，不是全部。離婚，不該是決裂，而是換個形式在一起，就像你們當初就是換了個形式，從單身變已婚。

離婚之後，還是要以愛的心情來迎接。

離婚後的第一年就是新生元年，
記得，你的人生已改朝換代，希望無限。

每個三角關係的分手裡，都為三人藏了一條好路，只有放下才找得到。人是因為魅力而引來同行的人，不是因為說好的天長地久。

三贏的愛情

我的一位讀者在我的臉書私訊中來信，會提這樣問題的人，顯然文字和心情是一樣亂的——

我想先承認一件很糟糕的事。我今年剛因為小三而離婚了，在我辦離婚手續的同時，我也搬出來了。搬出來之後，小三她也決定離我而去，因為她說她給了我幾次機會，但我都沒有好好把握，過去的種種，讓她想到就覺得很難過。她走不出去。我欺騙了她，有關於我結婚的事，還有她對於在離婚當中，我仍然跟我前妻參加我兒子的生日派對等，她想到這些種種非常痛苦，而決定分手。我還想繼續跟她在一起，請問我該如何幫她走出過去？

我的粉絲團有開放大家提問題，而且我還會把問題開放給大家看，讓大家一起幫提問者想想辦法。果然，他的問題一發到臉書上，立刻被慘罵，有篇留言最能代表多數人的看法：「一個家庭說離婚就離婚，你還說你愛的是小三。我覺得你並沒有覺得有一點對不起你老婆的心。你真的錯得很夠力。」

大家都是從他的外遇來看這件事，但大家都忘了，當他覺得自己不愛妻子了，只要沒有棄孩子不管，他能提出離婚，是他對妻子最基本的誠實，也是他的權利。比起那些在婚姻裡作假的夫妻，應該是更值得鼓勵的，本來就不應該把離婚想成是世界末日。大家都有機會成為朋友婚姻遇挫時的傾聽者或建議者，你是跟著一起罵，還是先讓雙方都先冷靜？你會勸他們先想自己到底要不要繼續過下去，還是很堅定說有小三就一定要離？

大家都知道少介入朋友的感情問題，他們該不該離都比他們想不想在一起重要，這時論對錯，傷的是以後的記憶。越是覺得該罵死的人，不就越值得遠離嗎？

我的回信如下——

也許你已體會到滿懷希望後的失去，緣分就是這麼調皮，總在不對的時間遇到放不下的人。這場陰錯陽差的旅程，三個人都落空了，你的前妻如果能在離婚後找回獨立，你的小三如果能在分手後放開過去，你如果能在這一刻找回自己，那麼這一次的碰撞，對你們都是很好的刺激成長。

每一次愛的分離和相聚都是面魔鏡，照映你在體驗了愛之後的態度。也許你是把愛擺在第一順位，也許你是願意為愛苦撐到底，也許你怕麻煩，也許你只替孩子想，也許這世上的每個人都不一樣。你能跟你妻子坦承並提出離婚是你的選擇，也是你的權益，只是你的小三出乎你的意料，你突然和你的前妻一樣，身邊那個你以為會跟你走完下半輩子的人，要離開了。

你真的認為她走出過去就能走回你身邊嗎？就像要殺死癌細胞一樣，其他的健康細胞也會一起被打掛，要讓她走出過去，肯定也會走出你。

當她覺得被你騙了，你越想要在此刻扭轉，只會越逼她忘記。如

果放下真的是這麼容易的事，不如，逼你自己放下這段已被你弄僵的關係。

小三這麼痛苦，是因為愛上你；你這麼焦慮，是因為愛上她。沒有足夠的相信，怎麼閉上眼睛跟你一輩子？你該想想，如果她是你女兒，你會怎麼看你自己？

都放下吧，先沉澱一年，讓三個人都單純獨立，這一年都別再談情說愛，心靜、情淨，會有助於你們三人的心靈修復，三個人把自己的狀況弄好了，到時誰要和誰在一起都可以。這次你要學到的教訓，就是別讓你愛的人再被你的不清不楚所傷。

其實回應來信，大家可以試試一種方法，就是不去論對錯，因為價值觀每個世代都在進化，而且少了評判，就會多了體諒。體諒或許會遭某些人利用而擺爛，但也是最能覺醒良知的溫柔手段。問題可以解決，也可以引發你們思考你們一直忽略的事，如果三個人能從這個問題裡找到進階版的自己，何嘗不是一種愛情奇蹟？到底我們要婚姻做什麼？到底我們要在婚姻裡扮演哪幾種角色？你是要她對你忠貞，還是要她給你快樂？婚後兩人可以住在不同卻很近的地方嗎？你們能回去男女朋友那種獨立又保有愛情的關係嗎？不擁有才能享有的意思你知道嗎？

三贏，不只是三贏，是每個三角關係的分手裡，都為三人藏了一條好路，這條好路是因為放下才找到，放下困難又複雜的姻緣，走上一個人的路上，吸引想上路的人跟你同行。

人是因為魅力而引來同行的人，不是因為說好的天長地久。

愛情革命

革命不一定是要革別人的命，最可能的是革自己過時的觀點。習慣，與愛無關，那是一種集體的紀律，就像某種信仰，堅持的是型態。

愛情，需要革命嗎？

革命可不是什麼時尚派對，革命是和身邊龐大的族群加總起來的慣性對抗，那不僅要說理，還要動情，甚至會鐵了心不從，或是冒著喪命的危險突破重圍……

為什麼要革命呢？因為不能再漠視心中的不滿。雖然大多數的人都選擇壓抑再壓抑，而你呢？你會認命嗎？當別人跟你有同樣的難受，並試圖去爭取自己的權益時，你會挺身相助嗎？

革命，真的是少數菁英在玩的遊戲，這是個專業技術，要有思維，要有組織力和領袖魅力，不然沒法讓群眾跟著你走。群眾大都是茫然的，他們都在等待黑暗的時代出現英雄，他們更期待英雄的口中說出自己心裡不敢說的話，也許這個英雄在半路上就被傳統固執的勢力打敗，也許大多數的革命都是失敗的。

只是，你的不滿你會在意嗎？你會不會是個捍衛自己尊嚴的英雄呢？還是你認為話為何不能好好講，為何要那麼負面地猜想，非得要用暴力才能解決？是的，大多數人都不會採用這麼激烈的手段，但這些大多數的人並沒有因此讓對方更珍惜或有所改變。就像這個時代的大男人，他們會認為男人外遇，只要不讓老婆知道都沒關係，可若換成他的老婆外遇，他絕對要離婚。問他這樣不覺得不公平嗎？他的回答倒是理直氣壯：「因為我是大男人，因為傳統是不允許女人這麼做的，除非我不知道。」

這又是某種價值觀支持者的特性，觀念永遠比人的感情重要，就像有些激進分子會因為自己的親妹妹和敵對教派的男子談戀愛而殺了妹妹，他認為妹妹的行為已經玷汙了民族。

人類很少懂得自我檢討的，人類所有大大小小的進步都是經過流血流汗的革命換來的，那些既得利益者最會用利大於弊的理由影響老百姓，好像很理性，但其實是很清楚老百姓最擔憂的心理。

愛情，從來就不是那麼自由地被追尋著，民族、國家、家族、文化背景、道德、輿論、媒體、網路……這些都是人類最愛拿來約束愛情的大帽子，這些不尊重人性和愛情的所有道理，根本比革命的暴力還暴力。愛情是人性最後的良知，如何更純粹，如何不再被負責犧牲的思維綁架，如何不懷抱那麼多沉重與期待地碰觸愛情？

那麼，第三者的愛情又算什麼？會因此被鼓勵嗎？

愛情來的時候，不會管你是什麼身分，不會理睬社會流行什麼道德，那只是兩顆星星的撞擊，怕第三者的人，最該研究的是這個恐懼，為何要怕？怕的時候會不會毫無對策？也許每個外遇都有革命的色彩，他們都是對自己的需求鋌而走險，甚至是故意讓事件曝光，讓不敢爭取的事透過事跡敗露而有了轉折。但不管是什麼原因，當問題的水位滿到你的鼻孔以上時，你就會逼自己做出一個選擇，這個暴衝可能是勇氣的凝結，也可能是大家終需面對的機會。

想要讓走失的愛情回來嗎？還是你已心灰意冷？革命不一定是要革別人的命，最可能的是革自己過時的觀點。如果你是那種只論對錯的人，小心，這樣的人是沒有能力聽道理的，只會更頑固地守著自己害怕改變的習慣。

習慣，與愛無關，與親情也沒有交集，那是一種集體的紀律，就像某種信仰，堅持的是型態。

愛情卻剛好和習慣相反——沒有了生命力，沒有自然而然的單純芬芳和不可預期的驚豔，愛情就不會存在，甚至會引來不甘寂寞的力量反撲，如此，就離革命不遠了。

不該鼓勵人在相愛以後，都要立誓永遠在一起，這麼難的承諾，怎麼可能人人做得到？不要過度期待，放寬心的機會就變大。

放寬心的解方

人和人的感情糾纏，往往帶來的都不是離得更近的依靠或擁抱，而是習慣性用力掌握，於是常常是糾結的，常常需要放寬心的解方。

放寬心的方法就是用想像力讓自己瞬間換位，不管是智慧之語或是有趣的遊戲，或是再遇到另一個人……不管是哪一種，你都要去探索、去重視、去領悟。

解方1：別猜疑

遊戲規則是這樣的：分手後的下一秒，對方就跟你無關了。不用去猜他的新歡是不是在你們還沒分手時就與你重疊，就算有，新歡也是來幫你加速結束這段早該結束的感情，新歡不是敵人。

就因為有了猜疑，你都不知道這個猜疑會把你的嘴臉弄得多難看、多討厭。

解方2：不要過度期待

放寬心，是因為了解了真相，不再過度期待，而不是因為胸懷突然變大了。愛上一個人，心胸都很狹窄的，但這狹窄是被觀念影響導致。其實不該鼓勵人在相愛以後，都要立誓永遠在一起，這麼難的承諾，怎麼可能人人做得到？不要過度期待，不要什麼都想擁有，如此，放寬心的機會就變大。

解方3：選擇有高度的方法

S快結婚了，但她遇到一個很棘手的問題：她懷孕了，但不確定是不是未婚夫的。我告訴她辦法很多種，要不要選個最有高度的方法——跟未婚夫私下承認，讓他做選擇，讓他陪妳度過這段奇妙的旅程。人生本就是荒誕異常，早點體會愛的各種面貌是好的，看看他在這件事情上的樣子，人都要經過考驗才會知道他能保有多少愛情，比什麼都不敢知道地困在罪惡感裡好太多。

解方4：不當受害者，就不會不甘心

你說她劈腿，你很痛苦。劈腿，這個負面用詞對劈腿這方是沒意義的，那是旁人給她冠上的。劈腿真正的傷害是施加在被劈腿的那個人身上，因為是被劈的人在受罪。只是，一旦你認為你是受害者，傷口就會吻在你心上，要擺脫這痛苦，你就不能認為自己是受害者。移情的人總是先移情才告知，附帶一堆沒意義的理由，偏偏你沒犯什麼錯，所以只是因為不甘心放掉才緊抓著她那些理由不放。是「不甘心」在玩弄你的感情，不是她，她早就堅決要走了。

解方5：正視現實

有人問：愛上有婚約的人怎麼辦？我該轉身走人嗎？這種狀況注定不幸福嗎？怎麼辦？這狀況就是告訴你一件事——原來訂了婚約，還是會有人來搶的，婚後當然也是。

解方6：要回自尊，做個獨立自主的人

妳說妳懷孕了，卻不確定要不要嫁給他，因為他的前妻始終糾纏不清。

信不信，婚前就算沒有前妻，婚後有其他人進來打擾也是很有可能的。如果每次出現新的挑戰者就會讓妳的人生失衡，那妳還真不能碰婚姻。還是說，妳把另一半的存在看成是婚姻最重要的地基？那麼當這個地基不耐久又容易移動，妳怎麼還敢做天長地久永遠相隨的美夢？

妳的人生一旦建立在他的存在之上，妳就不會有自己了。原本可以獨立的妳為何走到婚姻裡就失去獨立？這個斷翅的行動沒有幫妳換到妳要的依靠，妳唯一確定得到的是一個小孩。這是個難得的一堂課，警告妳找回妳自己。

從現在開始，想事情只能想妳一個人可以完成的事，不要妄想誰

來幫妳完成，如此妳才能真的負起自己人生的責任。要不要孩子？要不要這個男人？要不要給他機會？他若選擇前妻，妳要慶幸是在婚前發生的。沒有獨立，妳就不會有籌碼找回自尊，沒有自尊，就會永遠在等他施捨愛給妳。

尤其在這個時候妳懷孕了，妳最好跟妳的男友說，妳懷孕了，但妳對他的搖擺感到徬徨，告訴他不要因為孩子才和妳結婚。孩子和結婚不要混在一起討論，這個時候若不能理性討論事情，只是一個更大的警訊，因為婚後會有更多問題。婚姻該考慮的問題有三，一是獨立，不管誰把婚姻弄垮了，妳都要能生存下來；二是萬一離婚了，也不要因為離婚而要了妳的命、破了妳的魂；三是現實的條件，婚姻是有最低消費的，前妻是妳的貴人，讓妳在嫁他之前，出一個這麼好的入學考題，看他是不是禁得起考驗，妳說這是不是老天在幫妳。

CHAPTER
2

重返，那些早該想通的事

一切都別怕翻新。

也許你該想想有哪些你沒經歷過的方式，
選擇之前，你該想想你有哪些可選擇。
不要用道德來判斷感情，也不要用法律來強迫對方就範，
每個角色都會教你一些事，每個失落裡你都能有獲得。

一切，都跟你的想像有關。
跟愛，跟人，沒那麼大的關係。

新時代的小三

不要以為男人愛妳勝過愛他老婆，也許妳們只是功能不同，也許妳就是過去的她，她是未來的妳，妳們只是提供了這個男人不同階段的需求。

打開電視，盯著電視看，從韓劇、電影、談話性節目到新聞，大多數的大老婆因為長期照顧孩子，看電視已經成了她們和現實世界最便利的交流管道。當她們聽到李珍妮在新聞中理直氣壯地說：「夫外遇妻要檢討。」相信有一半的大老婆會立即怒火狂燒——憑什麼李珍妮介入別人家庭在先，生了小孩在後，還可以說自己不是小三，只是紅粉知己。這種破壞固有道德底線的言論立刻引起全臺議論，當然大家都一面倒的痛罵李珍妮，就算男主角宣明智出來開記者會，依然擋不住李珍妮忍不住就會反擊的個性。

李珍妮放話「夫外遇妻要檢討」，這句話聽起來很兇，也感覺有新時代女性的味道，不過仍是封建時代的舊思維，表示她仍把男人當作重要服侍對象。李珍妮的言談間透露，她自認不是小三，但她上節目和平日打扮卻完全符合小三的極致表現，也就是說，除了談男人送她的名貴東西和開名牌店，其他全都看不到。

真正的新時代女性，是不用把價值和男人圈在一起的，也就是說，當她要大老婆檢討，就間接證明她自認是男人遊戲的勝利者，新時代女性不一定要婚姻，更毋須男人餽贈的名牌包撐腰，因為一撐，她再怎麼理直氣壯都很老派。

婚姻真的是需要檢討的課題，因為虛有其表的程度已到了連很多大老婆都站不住腳了，但這可不是李珍妮這樣的態度可以接手的。會在字眼上走擦邊球的人，比如把「小三」說成「紅粉知己」，可見她還是很在意小三這身分對她的威脅，真要有道理和態度，就不用這麼強勢，一切都是虛的、俗的、過時的。李珍妮並沒有比老婆好，她只是沒有和這些男人專一長久的在一起。不要過度解讀李珍妮的話，好像所有的婚外情女性都是這樣，她只是比較老派而已。這件事只是點出企業大老的新一面——原來這些老男人還是願意要孩子的。

女人有很多種，小三也有很多種。盼每個女人在面對外遇的時候，能有新態度——不要有想獲勝的心態。在感情的世界，一旦有獲勝者，這感情就是戰場，你們就是感情的背叛者。

每次感情關係出亂子，就有女人說要自我檢討，為何要檢討？怎麼檢討？為何別人出問題妳在檢討？檢討是單方面的嗎？檢討有那麼容易嗎？說穿了，這檢討只是安慰劑，讓自己變得比較受人同情罷了。

李珍妮以為她占了上風，以為被她外遇的老婆很可憐，實際上不一定是這樣。一艘沒有港口可靠岸的船，它的自由和它的漂泊是等量的。李珍妮的可憐是，她不清楚老婆得到過什麼，更不明白這男人再迷戀她，也不一定會和老婆分開，那種一起走過來的婚姻旅程，縱使風風雨雨紛紛擾擾，那種豐富又有點心酸的滋味……可不是她這種自以為撈到最大好處的人能理解的。

當老婆本來就是一個很艱難又複雜的工作，不是只負責某部分任務的小三能比的，就像專業和業餘者的差別。小三若要獲得尊重，就不要從自己的獲得去看低別人的失去，這是最膚淺的態度，最讓人看不起的愚昧。

有人問我，怎麼當一個稱職的小三？其實新時代的小三，想要稱職勝任，標準應該是妳自己訂的，只要妳自己覺得舒服就是稱職，因為小三這個身分不會有其他人希望妳稱職。

妳可以有期待，期待他和老婆離婚，期待他終於可以跟妳安穩地過夜，期待生個孩子，期待光明正大一起和親友相聚……但這一切的期待，妳要有能力。

妳可以有再多一點的欲望，只要妳不得寸進尺，只要妳不把萬一不如願變成情緒，小心情緒的引爆會變成男人的壓力。

至於嫉妒，將是妳走火入魔的關鍵，表示妳離結束不遠了。因為嫉妒是一把火，會把原先滿山的翠綠山林全燒光。

小三的天命就是得不到單純專一的愛，這是妳造成的，所以妳要承受這個果。

千萬不要以為這個男人愛妳勝過愛他老婆，才會和妳在一起，也許妳和他老婆在他心中的功能是不同的，誰永遠都不會取代誰，根本無從比較。也可能妳就是過去的她，她是未來的妳，而妳和她提供了這個男人不同階段的需求。

男人有小三的原因很多，有的是立志要有小三，有的是被引誘，有的是想填補和老婆的空缺，有的是被某些狀況激發，有的是因為寂寞，有的是不知怎麼說分手……但不管是什麼，男人有了小三後，最渴望和小三的關係是祕密又放鬆的，否則妳又和他老婆的狀態是一樣的，關係不再那麼單純，生活總是有很多壓力。

妳會問怎麼做一個稱職的小三，表示妳已不甘心做小三了。妳忘了妳是妳自己也不認同的入侵者，所以妳才要積極地往前變身。

妳走進了傳統的那條感情路，忘了大老婆是隨時有小三要爭奪的、不安穩的身分，妳以為妳是他永遠唯一的最愛，妳總是只能顧著越來越滾燙的痛苦，因為妳已著魔了。

妳不僅要安靜到不讓任何人感到妳的存在，而且要讓妳的男人兩邊都沒有煩憂，否則妳就會失去妳在這段三角關係中的優勢——那種單純和隱密。他和他老婆的感情越好，你們越有機會安好地在一起。大老婆不是妳的敵人，妳的心魔才是妳的敵人，妳一不滿意小三的身分，就會失去這個關係，因為妳會急欲脫掉她幫妳安上的這個身分。

小三，有小三的生存道義。

新時代的小王

女性和男性在外遇上的態度很不同，男性都想兼顧，女性都想投入。只不過，男人一旦用感情，即使是小王，也是會想鳩占鵲巢。

小王是二十一世紀的熱賣新品，因為女性越來越消費得起，不管是經濟獨立或重視自我需求，還是不再被道德束縛、選擇不如願就認命的老派方法……她們越來越靠近男性玩的那套遊戲規則，也會陷入被男性背叛和被揭發的難堪，漸漸的，小王和小三有什麼兩樣，都是徘徊在偷情和不偷情之間的孤魂野鬼，只是這孤魂野鬼在這時代好像也不壞，甚至有人立誓永遠當小王或小三，他們已不迷信攬一堆責任在身上的正宮身分。

從娛樂圈來看，現在女明星有小王的例子已越來越多，好像已不是什麼驚世駭俗的事，當這樣的意識越來越普遍時，就表示有越來越多的人會更輕易跨出那條界線。她們看不起那種壓抑乞憐的心態，甚至覺得對愛偷腥的男人忠貞已無意義，她們覺得為了小孩更需要分開，因為相處有狀況的夫妻對孩子的身教最不好。

但這麼想的同時……她們都準備好了嗎？

大家有想過這年代的小王的普遍心態嗎？男性搞上人妻的歷史跟婚姻一樣長，西門慶不就是這樣的小王嗎？問過身邊的男性友人，小王在這時代會受到大家對小三一樣地唾棄嗎？他們先是點頭，但回想了一下，又覺得還是有很大的差距。因為男人間的對話還是會聽到有人沾沾自喜地說他上了哪位人妻，而且男性色情網站永遠都有個區塊，就是飢渴人妻專區，妳想，這不是鼓勵是什麼？

也許妳會覺得小王可能不比小三那麼重感情和死心眼，但是妳可能錯了。以前的小王和今日的小王最大的差別是，以前的比較是玩玩的，現在的小王不會那麼無聊了，因為要玩玩有太多選項，不用冒險搞人妻，所以基本上當今的小王都會比較用情，甚至會想要有結果。這是教育普遍進步的結果——比較能遠離純獸性的欲望。

當女性的經濟能力越來越獨立後，她們外遇的可能性就大大增加，甚至不會隱藏，即使被另一半發現，她們也都能在第一時間就承認或決定離婚。她們不會像男性總是想兼顧或怕傷到妻子的心而不做決定，這是女性比男性理性的地方，因為這時的感性只是讓痛苦延長罷了。

但是，女性和男性在外遇上的態度很不同，男性都想兼顧，女性都想投入。

那天在臺北的一場演講，我一開始就開玩笑地問：「現場是小三的請舉手？」沒想到舉手的人竟然將近一半！儼然一場小三的大聚會。其中還有跟小王一起來的。為何這些小三那麼大膽？是時代進化到讓她們完全沒壓力了嗎？其實不是，是她們很相信我，相信我不會看不起任何身分、任何問題。

有些小三，原本是大老婆，在老公外遇離不成婚後，才變成別人的小三。這類小三也不是為了報復男人，而是這個年紀能夠交往的對象大都是已婚者，更何況緣分來的時候，命運不會管妳已婚或未婚，妳只能用妳的理性和感性一起面對，妳只能壓抑或不管。妳有很多問題要問，卻不知問誰，社會上的評論總是以對錯看待此事，那不就等同於禁止？但一想到跟老公的長期冷漠和無交集……這條路該怎麼走下去呢？

當妳最終還是選擇了外遇，小王的態度就會決定妳外遇的型態，而這個態度是妳可以決定的。不要像男性外遇那樣，總是一開始就給對方灌迷湯，總是向小三抱怨跟老婆的感情冰冷，這樣的溫柔在今朝拿來對小王，將會把他們變得跟小三一樣。因為男人一旦用感情，即使是小王，也是會想鳩占鵲巢，也是會跟妳鬧脾氣，甚至會打電話向妳老公恐嚇，或是把私密照片、不倫故事等爆料給媒體。

或許有人會說，那麼麻煩……為什麼還有人要外遇呢？因為比外遇更麻煩的狀況，就是擁有空殼子的幸福。這世上有多少擺爛的婚姻，就可能有多少不顧麻煩的外遇，這是供需問題，不是情感問題。

但，難道就沒有回頭的餘地？有的，每次問題的發生，都是妳可以好好表現的好時機，越能在這時不論對錯，只關心對方的壓力，越能解決自己和另一半的難題。

不然，只能生硬地破題，無解地糾結。

同時愛上兩個人，很容易

外遇或劈腿不是男人的專利，只要經濟獨立，女人也會想和男人一樣多一些選擇，養小王、劈腿或性消費。

有人問：「可以同時愛上兩個人嗎？」

會這麼問的人，應該心裡已有另一個人闖入了，而這麼問的人還是個女人。男人就不會這麼問，男人只會在心裡想：「要不要這麼做？」因為在傳統的長期歷史裡，男人外遇或納妾一直是被默許的，大眾並沒給男人這方面太大的阻礙，那很像是給男人在外頭衝鋒陷陣辛苦工作後不公開的獎賞。所以，當女性在職場上或經濟上比較獨立的時候，她們也會參考男人的感情模式，養小王、性消費、劈腿或外遇。

其實不管男或女，同時愛上兩個人是很容易的。

當妳和A漸漸淡了，但除了愛或性，其他部分都滿契合，且習慣了。這時若在職場上遇到很有魅力也很有緣分的B，且兩人常常有機會去遠方出差，機會就更大了。於是妳掙扎，妳罪惡，妳發現這兩個都各有優缺點，妳很想選擇其一讓自己單純去愛，但也會想兼顧，因為妳不知怎麼說分手？

這些反反覆覆的問題，都是以前男人外遇時會碰到的問題，所以外遇或劈腿不是男人的專利，是只要經濟獨立，女人也會想和男人一樣多一些選擇，不用在感情上那麼委屈自己了。因為以前長期在婚姻或感情上犧牲自己權益的女人，並沒有得到相對的回報，沒有受到善待。

只是，同時愛上兩個人也不是那麼容易，妳很可能做不到不讓另一個人發現蛛絲馬跡，妳可能比男人更想要專注投入，不想兼顧。或是妳沒法在比較愛另一個人的時候，對比較不愛的這個人表演溫柔。若這時你們之間的相處出現壓力或爭吵，想分手又不是那麼容易如願，怎麼在混亂中找到一條清晰的路？有時另外一個人也是已婚的話……女人的心啊，終於可以體會男人在外遇時三頭六臂地說謊了吧！

女性外遇的時代真的來臨了，這也是會壓垮婚姻制度的一項新勢力，只是，要保住婚姻制度，光是用道德或法律防堵是沒用的。歐美最新的感情狀態是，一對男女共同生了一個孩子，他們住在同一個屋子裡，只代表他們是孩子的共同父母。走出這屋子，他們的感情是各自獨立的。但若想要有感情關係也行，只要兩人同意。大家必須正視網路時代人們的感情需求，更應該把愛和性、經濟和生育與生活模式分開細看，不要什麼都綁在一起談，這只會讓婚姻的難度變高而已。

再怎麼愛他，他都是這世上所有人的其中一人，不是全部，
除非你可以把世上的其他人都消滅。

所以沒有唯一，唯一是另一種永恆的產品。

不只愛一個人

一生只愛一個人是很病態的目標，這麼想的人只是把愛當成就來使用。只愛一個人，只證明妳比較能克制，不一定表示妳比較能愛。

如果這個世界沒有婚姻制度，你這輩子會愛上幾個人？幾個人呢？或許你認為人生最美好的境界就是，和第一個愛的人廝守到老。其實這也是很多人會做的選擇，只是這需要靠命好來幫忙，而且如果真的標準如此高，運氣又如此好……就怕這麼順遂的人生會讓你失去很多磨練的機會。

當一個妻子在結婚的第六年遇到一個讓她重嘗愛滋味的人，她若沒把持住，她會怎麼想她自己呢？該覺得自己是一個垃圾嗎？還是認為丈夫外遇在先，她只是在伸張自己的權利？其實這些都不是問題的重點，重點是大家都在事後做解釋，但愛這麼私人又現實的東西，又能怎麼解釋？用道德或法律？還是我們都不能承認，人一輩子只愛一個人的機率幾乎是零？

不只愛一個人這句話會嚇到妳嗎？只愛一個人又代表什麼呢？代表比較專情或忠誠嗎？還是這是最容易得分的愛法？如果妳

能克制，也只是證明妳比較能克制，不一定表示妳比較能愛。愛一個人，也讓對方開心接受妳的愛，這和克制是兩回事。

多愛幾個人的人生不會如妳想的那麼可怕、那麼亂，只愛一個人的人生若內心其實做不到，會假到讓妳辛酸。那些不知道愛很可能是傷人武器的人，當然就會過度相信只愛一個人所帶來的人生光環……不管別人怎麼看怎麼想，如果妳能做到不管他們的看法，只管妳心裡真正的感受，討論這問題才有意義。一在乎別人，這愛就不知是為誰而愛，別說是為了孩子，別說是為了父母，別說是為了承諾……這些話聽在另一半的耳裡都非常刺耳，原來都是跟愛無關的事在牽絆著。

一生只愛一個人是很病態的目標，這麼想的人只是把愛當成就來使用，真正懂愛也重視愛的人，就會知道愛有不可控制性，會明白愛不能勉強。忍，不一定能讓問題消失，長久的婚姻不等於長久的幸福。

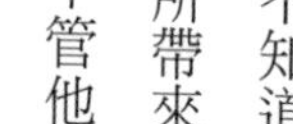

所以一生只愛一個人，又是為了什麼？再直接一點，妳認為能做到一生只愛一個人的人，有多少？而做到的人裡面，又有多少人是對愛滿意的？

抱著一生只愛一個人的標準，妳有想過要怎樣才能做到嗎？為何那麼多人做不到，妳卻那麼有信心？不是不能有這樣的選擇，而是妳可別不知道為什麼就這麼做。這世界仍充斥著不少劣幣驅逐良幣的觀點，明明是不符人性的奇思怪招，卻變成主流要大家跟著做，就像滿清時代的女人必須裹小腳一樣，那麼荒唐的主張都能行遍全中國，一生只愛一個人這麼清高浪漫的口號，當然就更容易散播。

真要一生只愛一個人，就必須很懂愛，很懂人性，彼此都要滿意，光是靠忍靠責任是頂不住的，全球的高離婚率已證明了。

愛，很難百分之百地掌控。不能誠實地接受婚姻的不人性和不實用，就會很容易被自己所欺瞞，失敗率已將近一半的制度若還要像過去擁護三寸金蓮一樣地擁護著，就是過時的腦袋，過時的思維，下場就是有一半的機率會失去這依靠。

也許妳會問，如果妳已在婚姻裡了，如果妳發現妳的另一半或妳瘋狂地愛上另一個人，怎麼辦？或許妳可以趁機想想婚姻對妳到底有什麼價值。當然，如果妳還愛他或是在現實生活中還是需要他，這個需求就是價值，妳就必須面對妳的需求做努力。要愛，就用魅力把他引回來；要現實中的其他部分，就不要用情緒或道德來施壓，因為當愛的基礎薄弱時，任何用力和指責都容易更快導致決裂。

漫長的人生旅途上，若不能有一丁點差錯、勉力抗拒任何一次誘惑，這麼嚴格的標準加上這麼情緒化、道德化的應變措施，怎麼會好呢？想要一生只愛一個人，除了要靠雙方的努力，也要能面對命運的打擊。純純的兩人相愛都那麼容易有風波，更何況是要扛各式各樣責任的婚姻？

「不只愛一個人」不是一句向婚姻挑釁的話，而是妳心底的魔鏡……面對自己時若連真話都不接受，那就請回到上個時代的騙局裡吧！

專一，未必是忠貞

我們從生到死，頂多只是暫時擁有某些感受，那些誤以為可以擁有的人或物，只是在某個時段和你共處，並不屬於你的。

不是不能許下一生只愛一個人的願望，而是只愛一個人，不一定就比較忠貞，不一定就會幸福。

由於難度高，希望破滅的機會就高，就會發現傳統給大家在觀念上畫了個大餅，刻意美化愛的偉大和忠貞帶來的榮耀。這也是某些人會愛到自殘的原因……落差太大真會把人逼瘋。

做自己，需要很多接受失敗的勇氣，畢竟這個世界沒那麼多雅量接受新的嘗試。做自己，是拿自己來做個實驗，一個沒有實驗性格的人生，就只能走老路，只能畫地自限，只能每個人的腦袋同穿一件制服，就是退化。

愛情重要？還是麵包重要？當你問這問題時，顯然是麵包重要。因為愛情重要時，你根本不會問這問題。其實愛情一直在消失，因為愛情只能在你心上經過，不能被擁有。消失，又像是一種存在，在你管轄不到的地方存在。

門當戶對，重視的是條件；天長地久，渴望的是不變；愛你入骨，執著的是當下；細水長流，不安的是激情。我們對愛就是如此地不放心，才有這些緊急措施、偏頗道理。人的心都是一座孤島，離開和回來是最嚮往的兩件事，或許孤單就是人的本命，才會窮極一生那麼重視愛和擁抱。

有沒有想過，我們從生到死，頂多只是暫時擁有某些感受，那些誤以為這輩子可以擁有的人或物，只是在某個時段和你共處，並不屬於你的。

有時候，我們只是需要一個陪伴者，而不是情人或婚姻的另一半。因為性是會最快失去味道的，接下來就是在為一開始就立下的期望一一買單，車子、孩子、房子……然後是複雜的親友考驗，然後發現自己很累很空虛很像沒有名字的一個家具。這時你就會想一個人，不要身分不要性不要愛，因為這些都是誘引你掉進海市蜃樓的陷阱，於是，單純的陪伴就會勝過一切。

如果兩人相愛，兩人都盡責做到不帶給對方負擔，都很獨立，讓對方見到自己時都很愉悅、很期待，這樣的相愛還會想什麼責任呢？不管對方壓力是不是過大，粗暴的將自己的人生和對方綑綁在一起，然後卻說沒有責任，這還叫愛嗎？真是害死人害死自己不償命也不自知的胡說八道，那只是把自己改不掉的癮賴給別人也賴給自己。

當愛不見時，誰都是多餘；當愛久違時，誰都難以抗拒。

對於聽到另一半要自由就擔憂的人來說，立刻可以證明你對你們的關係完全沒把握，連理性的反應都沒有，完全想像不到。如果你能在第一時間就答應給他自由，他有可能反而目瞪口呆，因為他就是怕你沒有他不行才會喘不過氣來的，不是真的要離開你。

誰都沒有權利剝奪別人的自由，除非你是專制的暴君。自由，不是狹隘的把柵欄消除，也不是不自由的反面。自由是生命在渴望

「更新」。只是大多數人都停留在妄想的階段，所以才讓那些少數真正爭取自由的人，也被誤解成是不想負責又破壞和諧的人。

或許人生中有很多無可奈何的事，無可奈何的盡頭，一端是重生，另一端則是堅守！既然無可奈何，就表示你是因為某種矛盾的情感而使你以包容之心嚥下，這是你的選擇，但會影響他人。不要以為你的犧牲或成全有多偉大，信不信，大部分其實都只是你自爽，而被你成全的人可沒得到你什麼好處，甚至還只有一身壓力。

為什麼那麼怕一個人呢？為什麼那麼多人怕晚年沒有伴？為什麼人生最重要也最渴望的事，硬要靠別人幫你完成呢？這是怎樣的自我負責？

如果我們把關係拿掉，把寄望拿掉，把身分拿掉，統統拿掉，只感受喜怒哀樂，就像看電影裡的各色季節，這樣會不會我們對誰都不會期望後落空？會不會那些美夢般的諾言其實只是對未來的不安全感？

只當朋友是最純粹的關係，只有純粹，愛才能嬌貴的靠近。

性與不性之間

性不是體力活，是隨著生命推演而產生不同色澤光芒的藝術品。如果沒有達到沸點，硬要為負責任而做，那才是羞辱。

有性很好，無性也很好，自然而然最好。沒有性，為何要有罪惡感呢？

因為婚姻是用天長到死的幸福引誘你進來的，關於性的部分，標準就是不能跟第三者發生性行為。在這種獨占式情感關係中，能不能永遠獨占就變成一種緊箍咒，只要兩人走到低潮，這獨占就備受考驗，而且考驗失敗的占大多數。

或者，我們是不是可以想想，會不會有些人根本不在乎獨占？搞不好有人會覺得愛和性是分開的？很想和你生活一輩子，但不要求你的性只能跟我有關係？不獨占，就少了擔憂和懷疑。

我們應該好好思考這個問題，不要連想都不想就跟著前人做，你可以有你很個人的選項，不用和誰一樣，自己為自己量身訂做，只有這樣的心態選擇才是健康的。

人有很多價值，這個價值會隨著時日波動，有時漲停板，有時跌停板，有時真的一點魅力都沒有，有時真的還滿能讓你的心定下來。老實說，夫妻間最容易淡而無味的就是性，就像你去問在公園肩並著肩散步的老先生老太太，你問他們這樣幸福嗎？他們也許不會有太滿意的回應，因為這個階段的散步是一種一起對抗身體衰老的辛苦，想的不是我們此刻猜想的那種幸福。

不過，卻有跟性無關的、其他猜想不到的幸福。

大多數婚姻的中後期，是沒有性的，但我們習慣不對外張揚。好像婚姻裡沒有性就是一種恥辱。性到底是不是婚姻裡的必需品，已讓人漸漸不知如何回答，如果是，為何有那麼多夫妻不做愛？如果不是，為何我們會有罪惡感，或感到羞恥？

矛盾，往往就是到了該不該為自己內心深處真正想說的話力挺的時候。我們都知道，性不是必需品，不然不會有那麼多夫妻長期不做愛也沒瘋掉。其次，在過度忙碌、壓力過大的多重身分生活裡，人回到家中，最需要的是溫暖，絕對不是還要付出體力的性。也許就只是睡在她的懷裡陪她看韓劇，也許就是攬在一起不得安寧的熱鬧對應，也許嫌你口臭是真的會影響性欲，也許沒有性會多些意外的驚喜進來……

沒有性，妳就會覺得沒有愛了嗎？沒有性，妳就會認為婚姻只剩下殼了嗎？還是說，沒有性，就會讓妳懷疑有小三的存在？如果性，還需要為其他目的來背書，這性很可能就是種交易，並為你們的親密關係戴上面具，這種無法表裡如一的矛盾會讓你們開始積極作假，比如規定自己要多久做一次，即使很不想做。完全不去面對一種可能，就是沒有新鮮感了，時間地點狀態程序都一樣……

這也許是歷史的共業，當集體意識不鼓勵你對性重視，你就不會花心思去想辦法延續新鮮感，不想就不會有作為，沒作為，妳就可能是基於傳統的引導做到該做的，於是婚姻式的樣板性愛就變成一股強大的暗流。

其實，真的沒必要為婚姻裡沒有性而懊惱，不需要性，可能表示你們的生活很豐富，因為只有生活過於空洞的人才會因為沒有性而要死要活，很多夫妻已經對於兩人終於可以不用每隔一段時間，一定要來一次的打卡式性愛感到如釋重負。大多數人的婚姻生活都是壓力過大的，在那種長期的心力體力財力透支的旅程中，還要給彼此那麼沉重的性愛課業，真的很殘忍。

我們的傳統總是要我們用性去牽制你不放心的人，比如對方有外遇，你就很可能因此放棄一切，好像你們之間除了性和背叛，其他都沒有價值似的。把性推到如此重要的高度，但實際生活上卻又如此不重視，連討論性都羞於啟齒，連對下一代都在打迷糊仗。沒有清楚的溝通和闡述，只有充滿恐懼的接受和遮掩。你越制式化的執行性這件事，就越可能被沒有性嚇到，因為你以為性是可以涵蓋其他功能的，以為這樣可以去換取某些東西。

性，不是體力活，是隨著生命推演而產生不同色澤光芒的藝術品。性，如果沒有達到沸點，硬要為負責任而做，那才是羞辱。

沒有性，還有心靈。是因為沒有感性的需求，才讓你的性也如此僵硬。

在一起不開心，長期不開心……卻不重視，就表示你已讓這個關係生了重病。有比不重視不開心更重的病嗎？

越把性當重要的條件，就會越物化愛情。當好的感覺來臨時，妳越單純地接受，越容易滿足，滿足之後妳就不會貪得無厭地要更多。

當愛來臨時

妳說最近聯誼認識一位男生，妳對他有好感，目前認識大概十四天。昨天妳跟他去爬山、吃飯，原以為他會載妳去坐捷運，結果車子卻騎回他家，直接到了他家的地下室。

妳有預感他要做什麼，妳感到困惑也充滿期待。

在他家，他表演電吉他自彈自唱……後來看電影……邊看邊打鬧……後來接吻了。

妳知道他想做愛，但妳拒絕了。

他雖說喜歡妳，但他沒說要妳當女朋友，妳不想當炮友，更不想一夜情。

他說他有喜歡妳喔！但他愛好自由，不太敢給承諾，對於未來人生規畫很模糊，他說不想傷害妳。

朋友叫妳不要再跟他見面，因為回不去當初那樣了。

妳很想聽聽我的看法。

其實妳這個問題是很多女生的問題，但奇怪的是自古至今都沒人好好去回答，於是妳就卡在這個點上，不拒絕，難道就是被白玩了嗎？難道就可能是一夜情嗎？難道就變成固定的炮友嗎？其實妳恐懼的都不是這些藉口，妳是怕這次若非一勞永逸地固定下來，便會覺得是浪費感情和浪費時間。

唉，如果妳是這麼算計感情，那妳可虧大了。

為何要妖魔化一夜情？就算是一開始跟妳說好要一夜情，那也比一開始就慎重要以結婚為前提或天長地久要好，這一夜若感覺太好了，再說要天長地久都不遲啊，反而是一開始就要天長地久才是賭徒的僥倖心態，以為多觀察幾天就能看準妳要的條件，以為慎重其事就會萬無一失。妳怕的不是一夜情，妳怕的是妳跟他發生一夜情後就不可自拔地愛上他，就算這人是個混蛋，妳也怕

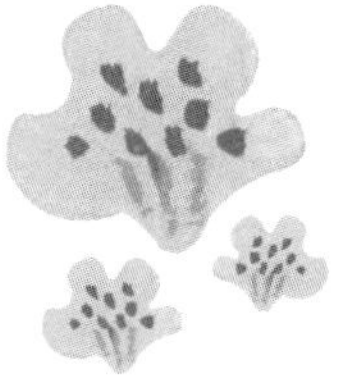

離不開他，因為妳愛的他，是靠妳很用力想像出來的，不一定跟這混蛋有關。

真要遇到只是要玩一夜情的，玩玩後他跑了，不也省得妳去甩掉這混蛋，不是很好嗎？

所以妳到底在怕什麼？

也許妳就是渴望要一個完美的另一半，忠貞加上負責加上溫柔加上有固定優渥的收入加上愛妳的家人……妳要得越多，妳就會期待得越辛苦，到最後，連好好享用這個妳愛的人的心力和時間都沒有。

當炮友也不錯啊，炮友當得好，就有機會升級，很多契合不都是經過考驗才得分的嗎？很多情侶不也是從不對盤開始的嗎？我倒覺得妳遇到的這個男生挺不賴，他很有勇氣跟妳說妳不愛聽的心裡話，真要騙妳的，絕對會在一開始告訴妳他對妳是認真的，等到發生關係後再疏遠妳就好了。

是妳的心態比較複雜，喜歡他，卻急著確認身分，什麼都沒經歷都還那麼不了解，怎麼去確認呢？為何要用性來想要不要在一起的關鍵呢？其實越把性當重要的條件，就會越物化愛情。當好的感覺來的時候，妳越單純地接受，越容易滿足，滿足之後妳就不會貪得無厭地要更多。

很多女生都敗在這點上，都在害怕，都在胡思亂想，都把男人想成不可信的玩咖，又想用最簡便的方式套住這份關係，妳說妳是不是比較沒道理。

單純一點，當愛情來的時候，不要浪費時間去確定關係，關係都是靠不住的，單純地享用美好才會永恆。

讓你愛的人獨立

就算他要依賴你，你也不該讓他依賴，因為不讓我們愛的人獨立，最後你也會變成依賴他。一旦失去他，你會恐懼，會空虛，會無趣。

愛上一個人，你很容易想盡辦法讓他需要你，甚至依賴你，因為讓他依賴你，你那患得患失的心才能平靜……獲得眼前的平靜。但這不是永恆的平靜，因為，為了讓他持續地依賴你，你必須繼續被他的需求束縛著，雖然你得到安全感，但付出的代價可能就是你不停抱怨和不停地付出，以及他習慣性不為你多做什麼。

沒有更好的方法讓他需要你嗎？還是你就是愛癮成性，你就是忍不住要付出，就是無法控制不付出或少付出一些？因為你擁有整個社會給你的、巨大的愛的保護傘，這種不知分寸且越來越上癮的欲望才會被稱為愛。我們生活的這個時代仍然把愛模糊解釋，只要你付出愛，不管對方感覺好不好，這社會會鼓勵你理直氣壯跟對方索求愛，如果要不到，對方就可能被看成負心人，而你也好不到哪裡去，你就是個悲情者。

所以愛一個人，愛到什麼事都想幫對方做盡，這後果是很可怕的，慢慢的，你會越付出，越沒有安全感，甚至連別人幫你做生活上的一些日常小事都不行。其實讓別人依賴你最簡單的方法就是討好，就是寵他，就是卑微，但這些行為的後果都不太好，你會漸漸沒有自我，沒有原則，沒有尊嚴。

他熱，你拿出毛巾伸進他的衣領幫他擦汗，不如遞上毛巾給他自己擦；他求學，你幫他決定未來要讀什麼科系，這就是暴力介入別人的人生，不尊重對方有自己決定人生方向的權利。你會說，他很高興你這樣服務，但這是你長期把他慣出來的，他已習慣有你的決定，可你還是錯了。就算他要依賴你的決定，你也不該讓他依賴，因為不讓我們愛的人獨立，最後你也會變成依賴他的人，一旦失去他，你會恐懼，你會空虛，你會無趣。

依賴的缺點就是生命沒有活力。長期下來，付出的人不停付出，也不停抱怨，被付出的人越來越懶，也失去能力。這樣一來一往，兩人的生活圈相互糾纏又互相抗拒，於是兩人都失去原來的自己，感情除了永無止境的叮嚀，沒什麼神祕的感性。

或許你反問，兩個人在一起，不論是親子、情侶、夫妻，既然要在一起，為何還要獨立？

如果你想要擁有豐富又多元的人生，你的人生就不可能不獨立，比如你的思想要獨立，這樣你們的對談才會有深度，而不是一面倒的講話；比如你的生活起居要獨立，懂得處理日常瑣事，當有人倒下去時，另一半才能幫忙照顧；比如你的情感要獨立，不要一時半刻不知對方去哪裡就心慌意亂，這樣的伴侶都會帶給人極大的壓力。感情的世界裡，沒有短暫的分開，就不會有相聚的喜悅；沒有輕鬆的氛圍，愛就會從輕盈的陪伴變成沉重的責任。

可能大家對獨立都過度擔憂又偏執看待，以為獨立就是不來往，認定獨立之後就會同床異夢，於是他們就會查勤，就會永無寧日的不放心，但你會對你最愛的朋友不放心到這種程度嗎？你能否想想，媽媽對你的緊迫盯人，效果好嗎？當你結了婚，由於擔憂另一半太晚回家而鬧得心情大壞，又不能說出心裡的難受，這樣的擔憂是正常或病態呢？當然是病態，這麼糾結的情緒，這麼黑暗的猜忌，一旦變成慣性，那是多麼痛的折磨啊！

生活習慣或價值觀差太遠的人，就算相愛到瘋，相處仍會是重大困難。這時若不能尊重彼此的不同，不知道過度強硬的改變對方會造成慘烈的碰撞……那種緊緊糾纏的不讓不離，是普遍感情關係中最常見的樣子。

很痛，很怕，越親密的人，傷人總是越重。

想想，媽媽若跟你說，你大了，媽媽也老了，你要快快獨立起來，讓我輕鬆；想想，你的另一半跟你說，我只要你偶爾需要我，其他的時間你要快樂輕鬆的活，不要把你的人生塞滿照顧我的行程，我要你在你的逐夢路上累的時候呼喚我，我要你見到我

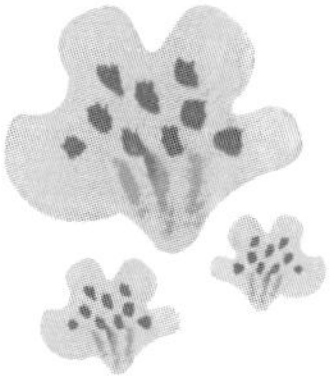

都是愉悅的，沒有累，沒有怨。

這樣的家人，這樣的伴侶，不是比較好嗎？

不管跟誰相愛相處，我們的責任就是要讓對方想到我們就輕盈愉悅，不然，就是往幸福的反方向走的一趟恐怖旅程。

道德是一種仰望

愛可以把困難變成堅持，可以讓你飛，也能讓你墜。它的盲目來自目中無他人，它是利刃，不是甜心。面對這樣的對手，道德的勝算在哪裡？

有人問：「愛一個人，不用考慮道德嗎？」會這麼問的人，基本上已經站在道德的對立面了。這個問題會讓人有質疑的空間，是因為道德在愛情面前已越來越不堪一擊，越來越沒有道理，已經有疑慮的討論點。

會說一定要考慮的人，是把道德當警戒線的人，只是這條警戒線往往只是模糊的口號，甚至是陳腔濫調，只有嚇阻作用，沒有說服人的功能。這也是不同意這看法的人的質疑——愛不是最重要的元素嗎？如果兩個人長期在一個法定的婚姻裡沒有愛，也要鼓勵他們這樣繼續下去嗎？

當婚姻只剩下責任時，是多麼疲累和荒涼。當婚姻只剩下道德來維護，這樣挺住堅持下去，又有多麼不堪和脆弱？

我們都知道愛的力量有多大，它可以把困難變成堅持，它可以讓你飛，也能讓你墜。它的盲目來自目中無他人，它是利刃，不是甜心。面對這樣的對手，道德的勝算在哪裡？

其實，真正的問題是出在使用道德的人的心態。他們不見得都是道德的真正信徒，只是喜歡隨手拿道德來攻擊對方。人們通常把這麼高尚的標準當報復的武器使用，是這種心態讓道德被扭曲了，根本只有指責，沒有論述，這樣怎麼服人呢？

認為不用理會道德的人也不一定就是不顧道德，他們可能認為這不是問題的關鍵，問題的關鍵應該是要先有個目標，是為了遵守一夫一妻制的承諾，還是要真實地面對感情狀態。目的不同，詮釋和做法也會不同。道德應該是放在心中的置頂處，它是讓你仰望的，不是拿來為世俗的紛爭調停，就像你會希望自己是個善良正直的人，這是你的理想，但別拿理想來變成量尺。

所以愛上一個人的時候，若碰到與道德相違背的狀況，你就會問：愛上一個人……不用考慮道德嗎？你所擔憂的是，為了這場愛，值得把自己原來的人生搞到麻煩不斷嗎？甚至可能鬧上法庭接受輿論公審？這個問題雖與道德有關連，但與道德沒太多關係，這問題真正的意思是，值得為了愛一個人，去蹚那麼大的渾水嗎？

你想嗎？你膽子夠大嗎？你夠理智嗎？

在愛情的國度，大家都用自己去盡情實驗，不同的選項裡，有不同的成功和慘敗的例子，所以不要再拿道德當盾牌了。先把問題想清楚，你要的答案才有意義。

跑

詞—許常德
曲—陳詩莉

快跑　人總是在快跑
人生很像賽跑　總不自覺要計較

落跑　人有時會逃跑
以為脫離困擾　其實在原地囚牢

不想和你賽跑　打敗你不是目標
不想看你落跑　好像我已經不重要

長跑　終點可是到老
一路上的辛勞　是你陪伴才美好

不想和你賽跑　打敗你不是目標
不想看你落跑　好像我已經不重要

你早就跑出我的預料
我早離開你的跑道
愛早已不跑
還是你習慣性驕傲
養成我習慣依靠
放棄了思考
你愛我別再跑
我要你抱

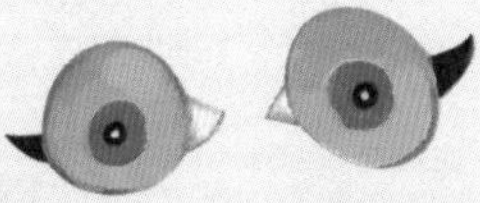

無條件的去愛

條件是談判時用的，在愛裡，是會讓愛變質的兇手。沒有條件不見得沒有底線，條件不是要了就有保障。

愛上一個人的時候，不看你原先設定的條件，只管愛，你敢嗎？還是你覺得沒有條件的愛會很冒險，會沒質感，會沒保障？但愛原本有「保障」這回事嗎？還是你開出的條件其實都是很可笑的妄想，既沒有方法，也沒有觀點，只是跟著別人一樣地盲目去要？

當你談了一次嚴重損傷的坎坷戀愛，或經歷一次離得很撕心裂肺的婚姻，你會更迷惘地想著這些條件。漸漸地，想著也等著，時間一蹉跎，你便更沒自信地問自己：我還有機會愛嗎？一方面沒自信，一方面還是用老方法等待緣分，不要說是結婚，這樣連只想談短期或不結婚的戀愛都很難。難在你不是真的想談短暫戀愛，而是你退而求其次地談短暫戀愛，你對愛情中的你和他都不放心，你是因為怕再度受傷才不期盼。

這樣，愛與不愛都慌張。

試試看不要那些條件。不要管他什麼學歷，你又不是在應聘工作人員；不要猜他有無固定工作，你又不依賴他過活；不用想他是不是已婚或有固定伴侶，只要你發現後能放掉他；不必擔心他是不是玩咖，只要你們單純地享用愛情，你就可能讓他不再是玩咖。不怕他明天以後是不是會拒絕聯絡，因為前三個月都是試煉期，不告而別本就是很明確的告別。

條件，都是一種要求，條件若不夠同理心，就會是一種壓力。條件越多，關係會越緊繃。條件太隱晦，就會猜得累。不要條件，不表示心中沒有一把尺，只有空想訂定的條件，沒法子實現，才會讓人虛吊在半空中大半輩子。

你越怕，就越表示在這個怕的背後有個強烈的依賴病，才會害怕不能如願。這個願望若是個傳統的願望，比如想要和他到老，那就又是個盲點，盲在到底是在一起的時間久重要，還是每次的相處輕鬆和諧重要？你都不顧眼前，只想著此刻後的長期渴望，沒有愛，光有條件，又何奈？

試試看這樣新的愛法——

前三個月，只享愛，不要介入他的人生，不要確定和他的關係，沒有純粹的賞味期，只享有，不擁有。

你一想起那些條件，就沒法單純愛專心的愛。沒有條件的壓迫，反而能因為滿足而自律。那些不相信人會自律的人，往往過度掌控而失去愛的溫柔，是更傻的執著。

條件是談判時用的，在愛裡，是會讓愛變質的兇手。沒有條件不見得沒有底限，是沒有底限的條件才是假條件。條件的來源是不放心和不滿足，不是什麼條件要了就一定有保障。

真要滿足，靠的是收穫，你要專注在你得到的部分，而不是一直在想你還未得到的，尤其這個未得到的部分都是條件框出來的，不少條件還只是因為大家都在要所以去要的，不一定是你的渴望和需要。

不要條件，你最大。等別人答應了你的條件後，你就被框住了。

這個社會沒有給不同性傾向的族群公平的看待，誰都沒有權利譏笑誰為了符合社會期待而做的調整，畢竟輿論給人的偏頗壓力是很可怕的。

轉性是種努力

看到一則新聞標題：張芸京信主轉性，現在愛男人想婚。

這個標題文字透露兩件事：一是這個轉性是由於信仰，二是現在愛男人就表示以前不是愛男人。

其實藝人的性向是個人的隱私，不必跟誰報告或被誰認可，甚至也不一定要一成不變。也就是說，張芸京可以愛女人，也可以以後又愛男人，甚至再回去愛女人。

當我將這則新聞放到臉書上，網友的留言非常極端，有人希望她是發自內心的，有人質疑她以前都是在騙人嗎？有人諷刺地說她是改邪歸正，有的說不就是雙性戀？不是什麼同性戀變異性戀、異形戀變同性戀，這不就是雙性戀，突然發現自己男女都可以喜歡嗎？

這些留言的態度也顯示了大家對同性戀還是有不同的看法，不過

這則新聞不可思議的地方在於，到底宗教是如何讓她轉性的？

其實轉性已經越來越普遍，不少女性離婚後會轉向接受同性戀的關係，但還是有比較困難的，比如要很陽剛的直男（男性異性戀者）去愛男人，比如要T（女同性戀者的男性角色）去愛男人。在這麼難的情況下，要透過宗教的觀點去改變性向，是真的有方法讓她開始喜歡男人，還是因為宗教不認同同性戀而有的自我克制？如果是後者，那就比較像新聞報導的內容，自我克制畢竟不是真的愛男人，她只是禁止自己去愛女人，並且積極鼓勵自己去愛男人。

所以，轉性是一種努力嗎？是的，這個轉性是一種努力，她不是因為對女人失望透了，也不是發現男人的可愛之處，是對宗教認可後的遵循。單就這個點，是該尊重張芸京的選擇，不該用她昨天是不是太假的角度來批判。當這個社會沒有給不同性傾向的族群公平的看待，誰都沒有權利去譏笑誰為了符合社會期待而做的調整，畢竟輿論給人的偏頗壓力是很可怕的。

這還是一個不夠進步的時代，讓某些族群不能很光明地公開身分和盡情戀愛。如果張芸京每次出片，大家能夠不再討論她的造型是不是比以前更女人味，才有機會成為一個新時代進步的社會。就像歐洲現在從小學開始的性別教育，已不再讓孩子在表格上填上「男」或「女」，他們認為每個人的身體都有男與女的因子，不該以那麼簡化又粗暴的方式來區分人的性傾向與性別。

你怕一個人嗎？這個怕，跟愛無關，你知道嗎？

否定是暴力

人類的想法本來就不該只有一個獨裁的選項，可惜狂熱的人都有一個特性——他們用力地愛著，愛到與世界為敵都不知。

如果這個世界突然豬羊變色，開始流行新的規則，新規則如下……

1 只承認同性戀才是自然法則的產物，異性戀是不正常的感情關係。

2 同性戀才能結婚，異性戀若結婚會讓同性戀的家庭結構瓦解。

3 異性戀不能領養小孩，怕給孩子錯誤的倫理認知。

如果你是個異性戀者，你能接受這樣的道理嗎？

我相信還是有人會接受，而事實上人類的想法本來就不該只有一個獨裁的選項，就算這是你堅定信仰的宗教，也不可像希特勒那樣排除異己。有哪個宗教的神會教信徒高高在上呢？還是這都是人在注解？因為就算是一向反對同性戀的基督徒，也是有人接受多元家庭的成立。

既然大家有那麼多不同的想法，為何到了二十一世紀還是有人想像獨裁者一樣，一統天下？很好，你可以有一統天下的豪氣，但你不能在還沒有詳細完整論述的觀點前，就用恐嚇或否定的言論進行煽動。

你可以不接受，但你無權否定和汙衊，說別人不是自然法則，請拿出證明，不然就是汙衊，就是暴力。如果你的證明是你的聖經，那麼，另一個人拿出佛經來反對，你會怎麼反應？

其實，就像所有政治狂熱者一樣，他們毫不懷疑地相信並遵守，這或許是他們不能不的選擇，但並不表示他們可以否定敵對政黨人的狂熱。但狂熱的人都有一個特性——他們用力地愛著，愛到與世界為敵都不知。

如果人是上帝創造的，如果上帝做的都是對的，那麼祂不認同的人是誰創造的？沒有疑問的信仰或是不能質疑的信仰都有個矛盾點，就是死背，而非領悟。當一個同性戀者被自己的母親否定時，那種痛若無人能體會，我就很難想像，這個宗教有同理心嗎？沒有同理心，就沒有慈悲，就像邪教。也許你會擔心我為何敢跟宗教團體對抗，其實我不是對抗，我只是提醒，就像他們提醒世人一樣的語氣，如果連聽建言都要很有禮貌才行，那就請先自愛，請把恐嚇和否定的字眼消除，請拿理服人，而不是一味地否定，這個時代不允許這麼霸凌別人的生存權。

前陣子臺灣很熱烈地在討論多元成家法案，有不少反對的人認為法案有很多瑕疵，所以不同意通過。他們舉了很多反對的例子，比如怕從此傳統的家庭結構被摧毀，比如怕亂倫，比如孩子對性別的認同有壞的影響……這些說的都有可能發生，但問題是，異性戀婚姻也存在很多父親長期性侵女兒的案例，真要家庭結構被摧毀，那也是人們現在的選擇，不是嗎？也許我們就是需要一個更進步的家庭結構。

真正有心找瑕疵，是為了實現，而不是為了放棄。所以那些找到瑕疵就說該讓這法案放棄的，是為了反對而來，不是真心在找瑕疵。難道異性戀的婚姻就沒有上述的問題？如果他們拿同一標準來看異性戀的婚姻，那是不是異性戀組成家庭也該廢除？因為誰都不能否認，我們的異性戀婚姻制度已經糟到該全面檢討的地步，那麼高的離婚率，嚴重衰退的結婚率，如果異性戀婚姻能有好榜樣，這些多元家庭的想法怎會有空間發聲？

黑奴時代，宗教人士冷眼看待，那是上帝的旨意嗎？宗教一向是由人在掌握，所以每個宗教都會有激進分子假宗教之名行使惡之實，從歷史來看，沒有一個宗教不在進化，但總是有死腦筋的人在偏離宗教最富有的價值——包容。沒有包容，怎能感動人心。如果你只是用恐嚇逼我就範，而沒有耐心用你的智慧和理解來接近我、感化我，當然，你就會用最粗糙的否定來暴力我。

這個時代還要用遠古的態度來指揮未來，這樣的人啊，看不出他們的理念，沒聽到能服人的道理，只看到他們滿臉的恐懼。

人被否定，是莫大的屈辱，誰有權利？歷史一再警戒我們，想想過去的黑奴、黃奴，為什麼還有人無視那樣的殘忍？說得再有道理，都是為了不讓它存在，根本不是因為有無瑕疵。

宗教其實是信徒心理的魔鏡，因為人對教義的解讀，都是敬畏居多。敬畏的壞處是，你絕對不敢接受祂有瑕疵，這個不敢正是許多宗教被惡質化的緣由，以為討好了皇上，人生就會平安，就算傷了別人的心靈也無所謂。

溫柔是唯一手段

溫柔是渾然天成的包容，在緊張處鬆綁，在無助時緊握。愛情若沒有彈性，擁有就會變成禁錮，禁錮的是你的靈魂，也是對方的痛苦。

不管是從電視上談話性節目的兩性議題，還是從書店裡買來的兩性書籍，或者網路上閱讀到的愛情觀點，看多了，妳難免會疑惑：感情真的能那麼理性地控制嗎？

當然不是，理性能控制的，通常都是在感性還不那麼義無反顧的時候，而且控制的後遺症就是無止盡的猜疑和不平衡地比較。這其實只是把感性的波瀾隱藏著，並沒有控制。所以理性能幫上感性，是因為自己有符合自己需求的觀點，好的觀點會引導你走向對的感性之路，這路人人不同，但有個共同特色，就是讓你們的愛情處在放鬆的氛圍。沒有輕盈，愛情就沒有溫床。

溫柔也需要多元的表現，不要以為態度聲調與面色柔軟才是溫柔，那些溫柔有些只是面具。溫柔是渾然天成的包容，包容了自己的感性和理性的衝突。

也許你現在就處在不知道該怎麼走下去的半路上，用盡了你自以為的溫柔，效果卻適得其反，因為你只是把你的索求用溫柔的面具勾引過來，以為天衣無縫，甚至還騙過自己，但收受你的假溫柔的人，卻明顯感受到你給的壓力……會走到這一步，你們之間的供需不平衡是早就呈現了，這時給的溫柔越多，越會扣分。

你又問，那該怎麼辦？該辦的緊急事項就是先放下你的執著，放下你想要的反敗為勝，放下擁有，放下你疲累又焦灼的欲望……沒有放下，你不能重新開始，不能在他心中有新的面貌，不能平靜地看看你現在的貪得無厭，不能面對自己的無能，越用力，就會越惹人厭。

這就像，當一篇文章寫到一半卡住的時候，你越絞盡腦汁拼湊文字，就會越顯現江郎才盡，這時不如重寫，不要等到爛文章交出去，臭名散播後，再重寫也很難挽回讀者對你的信任。建議你大膽的放下，甚至離去，再找個時間點以新人的姿態和他重逢，不要走到撕破臉才領悟到這一點。

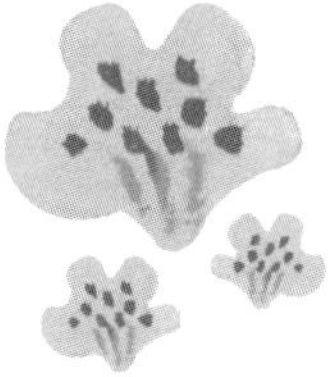

分手不一定是不好的結果，不分手有時是恐怖的結果，不要老是盼著結果。能在該鬆開的時候放鬆，也是一種溫柔，那表示你在乎對方的感受多過於你，千萬別以為你給他關心替他做盡一切大小事是愛，那都是披著羊皮的狼的欲火焚身，表面像是付出，實則是不付出會很難受的索愛。

執著的好，已不用再宣揚了，但執著的壞處，尤其是在感情上就很危險了。愛一個人，愛到要用上執著，就表示別人不愛你時，你沒能力放手。放手，若想到「放」就覺得會永遠失去，你就不懂溫柔的拿捏。

溫柔的妙處是，在緊張處鬆綁，在無助時緊握。愛情若沒有彈性，擁有就會變成禁錮，禁錮的是你的靈魂，也是對方的痛苦。

說穿了，你要的是一個結果，你忽略的是過程的感受，你期待的是天上掉下來的好轉，你不懂的是對方的反應。如果要這樣一意孤行，那就繼續你的貪婪，這樣也會走出一條路，路的盡頭是一場空。

愛情本無色無味，是你的幻想添油加醋，是你的沒有安全感想要以占有來填滿，是連續劇教你的一些醜陋的盤算。雖然已經到了二十一世紀，我們依然在落後的主流價值裡徬徨輪迴。不用為自己的行為找理由，你的痛苦就是你該清醒的理由，方法不對，還要重複用力，就是愚蠢至極。

溫柔的能量、溫柔的方法、溫柔的持續、溫柔的回饋、溫柔的互動、溫柔的轉彎……溫柔的菜單裡，你多久沒點了？不要在有愛時才溫柔，是有溫柔才能引來對方的愛，溫柔是保護愛的最好護衛。

當月亮在寂寞萬分的夜晚醒著，當你想起你孤單的身影，當你回顧了你們在一起怦然心動的時光，你流淚了，你渴望再一次的擁

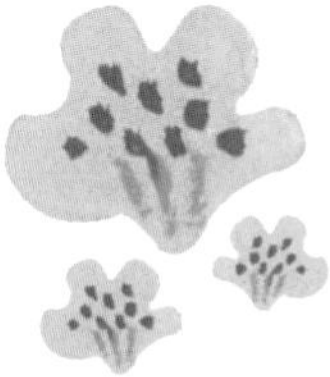

抱，卻忘了你也談過好幾次戀愛，你其實沒有在上次痛苦的泥沼裡滅頂。是的，愛的停留和痛的停留都不是永遠的。

什麼是戀愛？戀愛就是溫暖的互動，不一定要性，最好不需要諾言來證明未來，每次相見結束前留著餘味結尾，下次再見時溫馨期待，不見的時候把生活過得豐富。沒有足夠的分開，想念不會實在，至於能走得多遠，老天爺會安排。

能不能幸福？能有機會追尋就是幸福。

是觀點主宰你的愛情，不是命運，命運是苦果罷了。

愛的教育

愛的教育對任何人都是需要的，尤其是幼兒及青春期階段。以前的人不公開他們愛的成長史，是因為他們不說，不表示他們都安然度過。

聽到「教育」兩字，你會聯想到什麼呢？你會以為這是未成年的人才該重視的嗎？還是你對於任何教育都失去信心？尤其這個教育是針對愛，你會更忽略，還是更重視？

愛的教育該從何時開始？

在歐美，他們在幼兒期就開始愛的教育了，為何要那麼早？因為愛的教育不是狹隘地指愛情，是指跟愛有關的學習和真相。比如回家時跟家人擁抱問好會有什麼作用，比如身體在發育的過程中會有什麼狀態，比如怎麼拒絕別人想邀你上床，比如自慰……不要以為這些事不學就會，以前的人不公開他們愛的成長史，是因為他們不說，不表示他們都安然度過。

尤其，呈現在我們現實世界可以談論的愛的議題，在網路興起後，就從有限制地討論，變成亂七八糟不知何去何從的局面。有太多似是而非的過時觀點還在橫行著，有太快的資訊管道在捕風捉影，真正在討論問題、關心難受的人變得非常辛苦，因為大多數人雖深受婚姻和感情的傷害，卻仍然相信這個制度，那是對傳統的一種愚忠，害怕修正或取消了婚姻制度，人類就會滅亡。於是他們最終還是回到那條老路，先相信人生苦，挺著「別人能做到我也做得到」的氣魄，繼續和下一代這樣生活著。

是這樣的思維，限制了人們在感情上的進步。

不給愛的地圖，不給交通標誌，卻拚命逼每個人去買車，然後車上同行的每個人在這麼狹隘的空間想辦法維持自我自在的呼吸。這家人會這麼累，是因為他們都有不會離開這個家的念頭，不能好好擁有，又不能放下。當然，還是有人會中途下車，這樣的比喻，並不是要誇大婚姻的某些案例，而是要請你關心在這樣狀況裡的難受，那都是很長期很磨人心的。

在這麼自生自滅的制度裡，多少人是帶著豪語帶著完美期待進來的？無視於這條路上坑坑洞洞，無視於在沒有任何標誌下的暗夜來車，難怪有那麼多假藉心靈成長名義進行的詐騙與掌控，難道就算到了這個時代，我們還是要隱瞞某些真相，並拒絕討論別人提出的問題？如此空無一物的固執，說明這種傲慢已到了無路可退，只能看著時代的洪流將他們淹沒，儘管他們還是唾罵著這世界已越來越墮落。

不能理解的是，這麼口口聲聲說婚姻制度不能不存在的人，卻對離婚率過高無動於衷，是因為這是正常現象嗎？還是婚姻普遍都有問題，所以不覺得是個問題？就像孩子在學校被霸凌，你去申訴的單位總是告訴你，你的孩子可能也有問題，而且是雙方公說公有理的問題，最後就演變成隱忍或轉學。婚姻裡的壓力何嘗不是這樣被漠視，當大家都不知該怎麼辦處理長期累積下來的複雜問題，大家普遍對你的求救所做出的回應就是要你認命，因為他們都不想負責。

愛的教育對任何人都是需要的，尤其是最被荒廢的幼兒及青春期階段。以往愛的教育並非沒有，但都是以過度擔憂和禁止居多，而且還把性和愛防得像骯髒的穢物一樣，讓孩子感到矛盾，分不清到底是在純談條件，還是感情真的在婚姻裡一文不值？雖是禁止，也該有個道理，他們就是講不清楚，沒有態度和理念，只有恐懼和無知。

難怪孩子大都不會跟父母分享他們戀愛的過程，因為父母聽到孩子談戀愛，很容易就會在完全不了解下品頭論足，甚至用力介入孩子的點點滴滴，都是以自己的孩子為最大利益原則去判斷對方，這種自私自利的擇偶條件才是對孩子最壞的教育。

愛的教育裡，有人和人的溝通，有心和心的共鳴，有漫長旅程的陪伴，有性與愛的共舞，有一起走過風雨的考驗，有兩人累積出來的寂寞，有親友的溫暖與衝突，有現實生活的壓力……愛的教育，說穿了，就是在人性的課堂裡，安排一堂感性的功課。

大家都知道，愛情隨時會來，它不會管你是不是未成年，也不會管你懂不懂，它一出現，即使是大人，都可能無法工作，那麼孩子們怎麼抵擋？作為一個成年人，人人都有責任把此生的經驗如實跟大家報告。不用說大話，毋須大道理，每個年代有每個年代的感情價值，切忌讓孩子只能走你走過的老路，我們要戀愛中的人自己思考他愛的人生，只有獨立思考，愛的世界才會被正面的開發。

愛情文盲

文盲，只是不識字，不表示不懂人性，但愛情文盲卻是刻意認命，好傻好天真，但不表示不懂心計，一切都是那麼不正大不光明。

什麼是文盲？是見了字，不識這字，而不是沒見過這字。愛情文盲，正是不識愛，你要的愛情，你要的那個人，你要的婚姻，你要的家庭和未來，這一整套的愛情觀和倫理，你都遇到了，但你真的了解它的意思嗎？當你誤解了它，你就可能是個文盲。

不識字，你就會少了某些溝通的能力；不識愛，你就會淺讀感情的規則，把用力想成是愛，把擔心解讀成關心，總是在抱怨在壓抑，不懂這樣的長期糾結是為了什麼？為何那麼多人受苦都不求改善，那麼多感情專家在做什麼？是無解，還是沒膽承認這個感情制度已快崩盤？大家只是在集體擺爛，完全不對自己的難受和不滿足負責。

冷漠的最後就是爆炸，就是一個開天闢地的新局面，但大家都害怕爆炸，就像怕死一樣，根本不知道死後的世界是什麼，就在亂害怕，怕到以為活著是最不能離開的根，像很多死都不離婚的人一樣，把愛變成了堅決的任務。

所以他們怕的，不一定是離婚，不一定是死亡，其實怕的是習慣不能持續。人都太想把幸福原封不動固定下來，跟毒蟲一樣，貪又亂無章法。你好好思考過愛是什麼嗎？你認真想過為何要結婚嗎？你覺得在婚姻中突然不愛了的可能性有多大？婚姻中沒有最起碼的尊重可行嗎？

文盲，只是不識字，不表示不懂人性，但愛情文盲卻是刻意認命，好傻好天真，但不表示不懂心計。一切都是那麼不正大不光明，那麼容易有難言之隱。你明明知道這個時代的女人男人婚後外遇很有可能，但你還是像以前的人一樣，跟他要個永恆的、忠貞的蜜糖承諾，要了又如何，你滿足了嗎？還是更不滿足？

愛情文盲有個特性，就是愛情來到眼前，卻不知愛情已到來，更不用說享受愛情。愛情來了，愛情文盲則忙著蓋城堡訓練衛兵，他怕他的愛情被搶了被偷了，雖然這個怕是從歷史的長河飄過來的，大家都在怕，他沒理由不怕。就是這麼忐忑，才浪費那麼多時間在擔心和忙碌。

從農業社會就流行起來的婚姻制度，到了網路時代，你難道都不會懷疑這個制度可能會過時？你的單身生活不豐富嗎？你的單身生活真的需要改變嗎？還是你就是遇到了馬桶就習慣性脫下褲子，不管這馬桶就在馬路邊，更不管你有沒有便意，你只是順應潮流跟上去排隊？

這是個很容易變成兩個人都在長期隱忍和抱怨的制度，因為事先都不溝通，把生活型態想成是感情形態，以為愛可以解決一切，其實只是經歷一切，能過關的都不容易，把人生過得這麼戰戰兢兢又何必？

有人說，如果都不結婚，怎麼生孩子？若都不生孩子，人類不就滅亡？但生孩子，真的要結婚嗎？那麼多單親家庭，教育出來的孩子也沒比較差，反而少了父母教育觀念的爭執不讓。至於人類會否因此滅亡，要看從哪個角度評量，但人類滅亡，或許對地球反而是好事。

一代總會勝過一代，只是每一代都有各自要進步的奮鬥目標。當人們越來越重視個人隱私和放鬆愉悅，就會越少人放棄單身生活的豐富簡單。愛情，可以進步一點；婚姻，可以簡單一點；幸福，可以深刻一點；分手，可以智慧一點。

不要以為擁有婚姻才擁有愛，是害怕沒有婚姻，才是不相信愛能持續的證明。時間就是人生，每一秒能帶你往前走的都是感受，那些身分其實都沒意義，不能保障你什麼，反而限制你的全部。妳是個妻子又如何？妳的老公不一定會是妳期望的那個老公，一旦妳堅持做妳該做的，當他出軌了，妳就會累積更大能量的怨氣，這麼周而復始的地獄輪迴，說明了愛情文盲的犧牲根本沒有意義，那都是前人留下的愚蠢範本，只是苦死自己，對方也沒得到什麼好處。

或許你已意識到，婚姻制度已經快變成夕陽制度，新一代的父母也許甚至會發現一個奇妙的狀態，就是當他們拿孩子的出生時辰去算八字時，幾乎每個孩子的命運都會是——會談很多戀愛，但沒結婚運！

為什麼會這樣？因為人啊，終於願意啟用腦袋和學習能力，負責任的問自己，為什麼要結婚？

CHAPTER
3

單身的各種形態

愛是一場場的實驗。

說呢，
你的愛是有使命的，
這使命就是要讓愛活下來。
用更進步的思維，用更舒服的相處，
用更獨立的自己。

實驗，不是不在乎成功，
而是有比成功更重要的事，
那就是讓你們的愛不要變成依賴。

剛上任的前夫

在你眼前的是一位剛上任的前夫，你們仍住在原來的屋子裡，雖然都沒變，但身心都放鬆很多。原來，婚姻真是個沒用的繩索。

離婚，少有離得不傷不痛不怨不捨的，為何會這樣？因為沒人教你分手，沒人提醒你分手時該有什麼態度，哪些該公道的想，哪些不該去管，哪些會在未來碰頭……

因為不鼓勵你離婚，所以關於婚姻會造成離婚的種種可能都避而不談。

於是，你是一位剛上任的前夫，你們仍住在原來的屋子裡，還是沒法不情緒性的交談。昨天簽字前一分鐘，你們還在律師樓大吵大吼，彷彿經典百老匯終場的高潮戲，然後，突然，你們都覺察到你們該累了。

你說你們會離婚是因為你外遇，但你說，她也知道你知道她有外遇。所以你們爭吵的內容，不是為了孩子，不是為了房子，不是那個人，是……就是都不要了。你搶在第一時間告訴她，說孩子可歸她，她搖搖頭說不要讓孩子有被誰搶走或被丟棄的感覺，你

本來覺得這是她不想一人負責的藉口，但後來發現也不是沒有道理，你也不知道你能不能做到轉身都不管，於是你們想到了一個更好的方式。

這個方式就是兩個人依然住在一起，但在這屋子裡的身分是孩子的父母，不是夫妻。至於你們各自在外面的愛情，都別帶回家裡來。當然，如果你們同時落單，那時又有些感覺回來了，要關係復燃也無不可，沒有法定的關係，卻稱得上是實質的夫妻。

如果臺灣的婚姻法能像美國一樣，只要其中一位簽字就可以讓離婚證書生效就好了。這個好處是，讓你在結婚的第一天就養成好好對待的習慣，因為你知道你不對他尊重一點、溫柔一點、幫忙一點……他就可能會簽字離去。反觀臺灣的離婚法，乍看像保護婚姻裡的人，其實只是保護在婚姻裡擺爛的人，就算這人第一天就對你頤指氣使，他不願放過你，你也沒辦法。

美國甚至在近期立了新法——只要同居半年以上，就算你們沒去公證結婚，也形同結婚。這個法的態度是鼓勵人們追求實質的關係，別再像以前的人那樣緊抓著表面的身分不放。

所以你們仍繼續住在一起，這是新生活新身分的第一天，早上你們從各自的房間裡出來，在廚房裡碰頭，你尷尬地問她要喝咖啡嗎？她說要，一如往昔，說完就去開電視。

是的，雖然都沒變，但身心都放鬆很多，原來，婚姻真是個沒用的繩索，你說。

全新的單身時代

真正的單身，不需要畫地自限才有安全感，不需要你完美的相信，不提醒你該合理的懷疑，不會壓抑人性裡起碼的尊嚴。

也許你的法定身分已恢復單身，但你的心還沒有。

重返單身的第一件事，是學習接受這個久違的身分，別以為你曾經單身，你就熟悉你的單身。那些年的單身其實跟你今日的單身是不同的。

大多數人從出生到結婚，是走在一條被強力安排的主流大道上。在這漫長的學習路上，一路都有人提醒你，學習之後找個穩當的工作，並且在適婚年齡前要搞定婚姻大事，就算那時的經濟條件還不一定能扛起婚姻裡的基本開銷，但大家會勸告你，誰家不是這樣奮鬥起來的呢！於是你在根本搞不清楚愛情和婚姻和自我需求是怎麼一回事前，就被時代的狂潮往前推進，一回神，你就在婚姻裡了。

這樣的婚姻呈現的狀態，都是馬不停蹄的忙碌，長期的不輕鬆，變數又多又大，沒有沉澱的時間，就不會品嘗出味道的深入。

一切都是那麼表面又那麼複雜且那麼匆匆。

而今你離開了那個狀態，重返單身，你有想過單身到底是怎樣的身分嗎？有幾種可能？有什麼欠缺嗎？還是婚姻跟感情無關，是遙遠的年代為無經濟自主能力的女性而設的制度？

當婚姻不再是必經之路，當越來越多人都處在單身，全新的單身時代就來了。

離婚，絕對不是撕掉一張紙，就像結婚，也不是多了一張紙那麼簡單。每個經歷都有意義，不管是一路順遂，或一路慘痛，老天都會給你一個禮物，叫做「收穫」。想要獲得最大收穫，你必須先有最大捨得，把每個苦苦追求卻得不到的執著都放下。想想，沒有那些執著會怎樣？想想，減少一些執著會不會舒服很多？想想，你要那些執著做什麼？

沒有空出裝收穫的空間，你就會不甘心的守在原先難堪又陰暗的

執著裡，被自己凌遲。你沒打算過新人生，也沒有公道的能力去反省上一段的關係，也許你只看見對方的種種缺失，卻沒發現，只要自己放手就能離這些缺失遠遠的。讓你難受的擁有，都不值得你再用力去擁有，不管是不是擁有的方式不對，你都該停止用力，舒服的擁有都毋須用力。

能重返單身的人，都是老天特別關心的人，老天不捨得你們在同一個痛苦裡不斷輪迴，讓你們重回一個人可以重新整理的單純時間，讓你們把重擔放下一些，讓心歇一歇。

其實，少了一個在乎的人在身邊，是一個假期，因為讓你越在乎的人都越會讓你累，你會有很多期待，有些期待甚至很誇張很高難度。重返單身後的你不好好拿來放鬆並休養生息，卻拿來顧影自憐或埋怨對方，會不會太笨？

也許你不是那種說放就能全都放下的人，也許你必須把家計重擔一刻不得閒的扛上，但沒有這個人在你身邊，是你現成的幸運。這樣的機會不享用，就是浪費，就算只有你和孩子在苦撐，你也撐得很簡單很幸福，這是你和孩子一起努力的時光。你可以想想，少了對那個人的期待，你會慢慢找到他沒那麼可惡的角度，沒有滿心期待的落空，就比較能欣賞他的片面美好。這也是分開後的一種收穫。

收穫，是讓擁有變成舒服的一個過程，是進一步的內心典藏，是不用再怕誰來掠奪的分享，是有餘力去同理心那些在擁有中苦惱的人。

不執著於擁有，你就有機會重返真正的單身，那是個不需要畫地自限才有安全感的世界，不需要你完美的相信，不提醒你該合理的懷疑，不介入太多別人的人生，不壓抑人性裡起碼的尊嚴。愛的終點是找到收穫，用溫柔回顧經歷的收穫。

單身夫妻

單身不一定孤單，不一定沒有伴，不一定沒有愛情，不一定不負責。事在心為。愛情的世界裡，不會有誰跟你想像的一模一樣。

擁有，其實是很費勁又不討好的選項，它讓人誤以為愛是可以擁有的，但除非你只想擁有他的人，不在乎有沒有他的情他的心。

擁有愛，擁有幸福，是何等的星光燦爛，但這擁有只是瞬間的恩賜……而你還想要延長壽命的保存。於是我們總是懊惱著，好像沒幾個人如願以償，好像延長的只是糾纏，不是原先盼望的那個輕飄飄的甜蜜。

當你愛的人還沒跟你求婚的時候，你渴望他明確地表態；當你愛的人跟你求婚時，你卻開始想他拿什麼跟你換。人性就是這樣，當你被擁有時，你就會意識到你的本身價值，更聯想到要擁有他的什麼。能夠把這些期望想得具體，沒有不好，也不是現實，是終於說清楚講明白，才讓彼此的願望有了交集，才會離實現願望更近一點。

擁有是很累的，你要找個地方把它收好，你會害怕被奪走，你也懷疑它會自己偷跑。你會花心思和心力去擁有，卻因花了太多時間和金錢去擁有這個嬌貴的客人，而少了很多可以單純享有愛的心情。

我們都失算於我們的能力，我們都以為愛會讓我們萬能，都以為時時刻刻遇到的困難都有愛做後盾，這些很可能在半途就扛不起的案例，身邊很容易看到，但大家都習慣性漠視，認為這是沒辦法的無奈。於是一代又一代繼續在婚禮大典上許下漫無邊際的期望，如此悲壯，又如此天真。

如果可以試試看不擁有的愛情，如果可以相信不擁有的愛情，如果你能不那麼用力擁有，會不會比較能輕鬆地享用？不要以為那樣就不長久，不要認為擁有能幫你留住什麼，擁有不一定能享有，但享有一定能延長擁有感的壽命。

難道你以為沒有擁有婚姻，你們就得不到未來嗎？不是一律都不要結婚，是沒結婚就覺得怪怪的這樣的思維，需要再想想。那不是一張紙，那是一張有你們共同想要的未來的承諾，這個承諾大到說不清楚……有養家的最低開銷，有長達二十年的教育基金，有忠貞的期待，有雙方家族的相處，有自己的空間和夢想等，每一件共同的夢想都有很多考驗，件件不容易，時時要貼心，否則承諾很容易落空。

少了這些責任，等於少了很多考題，等於多了很多單純相處的空間。不要以為逼人家負責能得到什麼，逼來的，畢竟不是心甘情願，責任最好是伴隨魅力的引導而來，不然很快就會變成說一套做一套，這樣的責任要來有什麼味道呢？

越來越多離婚後還住在一起的單身夫妻，他們在法律上只剩下孩子的共同撫養權，自從離婚後，雙方經濟獨立，感情也各有發展，但只談戀愛不同居，也不結婚。他們仍住在一起，像家人也像室友，少了擁有的責任和義務，兩人比以前更加親密與和諧，原來少了那些擁有的必然性，就卸下不少擔憂與做不完的付出。兩人都不再需要為家犧牲什麼，這個家反而更多放鬆的氣氛，單純原來如此重要。

你是單身夫妻時代的一員嗎？當你的婚姻也走到長期不舒服卻也看似沒什麼大問題的狀況時，你考慮給你們的婚姻做一次大裝修嗎？一成不變的關係真的幸福，還是漠視幸福？也許你不想再跟你的另一半做愛，但不表示你想跟他分開；你就是不想跟他聊天，但很喜歡全家人一起吃飯；你喜歡跟他聊旅遊，但不願在職場中一起工作……其實你對他只有某個區塊感興趣，你們可以做個破壞再建設，重新換約，制定屬於你們倆都適用的新關係，若連這個調整都害怕，可見你們有多不放心彼此。

單身，不一定是孤單，不一定沒有伴，不一定沒有愛情，不一定不負責；已婚，不一定不寂寞，不一定是負責，不一定能到老，不一定有互動。不管是哪一種身分，都可能過得好、過不好，事在心為。

我們都是愛上我們想像中的那個人，不是現實中的那個人，所以才會覺得不在一起比在一起舒服，因為愛情的世界裡，不會有誰跟你想像的一模一樣。不放下妄想，你就會不斷的希望落空，你就沒機會認識真實的他。

單身夫妻時代，不是開放亂玩，是原先的婚姻制度隱藏太多亂玩，就像荷蘭開放大麻銷售後，吸大麻的人口反而變少。想不想做個更進階的人？你可以選擇，也可以原地踏步。畢竟人生是你的，要不要更好，除了新觀點，還要有勇氣。

婚姻裡的單身

沒有一種未來值得妳用恨來持續，如果在感情裡跌一跤就要永遠喪志，那妳是不是錯得很離譜，是不是沒有了愛的態度？

元配的妳，怨嘆這世上為何有這麼多的小三、這麼多的爛男人？為何要如此傷害一個無辜的女人。

老公搞外遇被妳發現後，就拋下小孩讓妳獨自扶養，並從此人間蒸發，也不出來解決。妳打電話去罵小三，小三不但不怕，還要告妳騷擾她，這種人渣妳也不想再浪費心力了，但是妳也不要讓他們名正言順在一起，妳問我該怎麼做？

其實，能離開爛男人是妳的福分，因為這個福分會讓妳的路越來越好走，越來越寬闊，只要妳能戒掉擁有他的習慣，不用去期待他餿掉的愛。

其實這件事跟小三沒有關係，就算沒有小三你們也會有該面對的問題，小三只是讓事情水落石出，剩下的就是看妳要怎樣的努力——

到底是要挽回還是消滅？是要獨立還是哀怨？

沒有一種未來值得妳用恨來持續，不要讓它們名正言順的露出真面目，也許只是把自己的未來一起陪葬，而且孩子更會長期在妳陰晴不定的心情裡受到深刻影響——原來媽媽是那麼恨那麼怨，原來爸爸是那麼臭那麼無情。這些陰影才是造成血緣長久撕裂永無寧日的原因，妳一定要覺醒，不甘心是很壞的身教。

人渣交給爛男人是很絕妙的搭配，但妳仍可祝他們天長地久，他們越好越顯得妳離開得對，他們越糟越顯得妳沒留住他更對，如果我們在感情裡跌一跤就要永遠喪志，那妳是不是錯得很離譜，妳是不是沒有了愛的態度？

為了自己，妳要開心迎接新人生，想要大獲全勝，妳要讓自己獨立和新生，並試著讓孩子的爸爸修補親子關係，讓孩子看到妳的好轉和大方，讓前夫看到妳的真情和正向，讓小三看到妳的勇敢和柔軟。不要玉石俱焚，那是魔鬼的思維。

是這種態度，讓大家在心底為妳豎起大拇指，這才是妳該做的反攻大計。

一個人的旅行

詞—許常德
曲—陳詩莉

也許孤單　也許還受傷
也許我就是要這樣
也許難忘　也許難放
也許旅程未到終點站

而此刻　離你　有多遠

不能忘　不想忘　如今變成難纏
因為習慣　陰魂不散　我在逃亡
一個人　一顆心　一個人的旅行
回憶倒轉　一刀兩斷　要保住遺憾

我會努力去遺忘
直到你被時間推翻 HyYa～
為何你會那麼難忘
可能給了你太多原諒
總一次次　一次次　一次次

這一站　這一段　一個人旅行
想想自己　需要氧氣　等下個際遇
不怪你　不委屈　一個人旅行
隨身行李就剩自己　你退到過去

我在這裡　你在那裡　一個人旅行

單身公寓時代

每個人的心都是個房子，單身這個身分是在提醒你，沒有獨立的靈魂，任何相愛都會變成依賴。

當離婚率越來越高，結婚率越來越低，單身的人就會衝上史無前例的新高，那就代表我們的消費習慣會有大改變。在此之前，小康的已婚人士會把百分之七十的收入花在家庭上，甚少為自己而花，但如果你是單身，這些原本要花在家庭的時間和金錢及心力，你會挪到哪些事情上呢？

我的一位建築師朋友就告訴我，由於房價越來越高，坪數小的公寓已是熱門選擇，這種小坪數的公寓不僅適用人口簡單的家庭，也適合離婚的人居住。尤其是位在市中心的單身公寓，因為離大醫院較近，根本是銀髮單身族的最佳首選。

聽到單身公寓這個名詞感到惶恐的人請注意，如果你還是懷著和家人同住到老的夢，有沒有想過萬一不能如願怎麼辦？有別的養老計畫嗎？還是你連讓自己擁有尊嚴的養老基金都沒有？

一家人住在一起的人生大夢不是不可得，但需要有能力，如果你只想把晚年全賴給家人，如果你的個性總是和家人格格不入，如果你還是想當個什麼都聽你的一家之老大，如果你的經濟狀況需要家人幫忙，或者你以為你可以憑著遺產來喝令他們照顧……如果你有這些觀點，小心，在這個時代使用會有副作用產生。

這個副作用很可能是，你的依賴會變成家人沉重的負擔，你的性格可能也是家人最不肯碰觸的地雷，你的遺產更會勾起貪婪而使大家勾心鬥角。此外，小心你的老伴把你交給會虐待人的傭人，而你有可能連求救的能力都沒有，因為你中風了。

以上的可能不是恐嚇你，這都是很常發生的案例。傳統告訴你的那一套，你可以全部接受，但你不能不知道是為了什麼。一個房子，可以容納和樂融融的一家人，也可以裝進不互動的一家人。住進這個房子，你們可能大部分都待在各自的房間裡，沒有尊重為基調，每個房間都變成圍牆。所以，我們需要的不是現實裡的房子，而是心靈的房子，讓每個人能安好待著的位置。

家人是這樣的：如果要長期生活在一起，不帶給別人壓力是首要重點，能有彈性空間才能有來有往。體諒每個家人在每個階段都有沉重的負擔，做好自己不麻煩別人的準備，這樣的家人才會像貴客，而不是想到就想逃的煩躁。

那天，有位朋友和老婆分居了，我問他為何不離婚呢？他說目前的分居狀況形同離婚，但我卻搖頭。雖然他們分居了，但還是有不同處，比如他們若簽字離婚，此刻一想到老婆，就會有想回家的衝動；但若沒離婚，一想到老婆，就只會想離得更遠……這個差別就在於，那紙結婚證書是很大的無形重擔。

對於家，對於婚姻，對於愛，人們普遍缺乏想像又習慣老套，好像別人這麼做，你也只能跟著做。既然房子有很多種款式，你為何不能為自己量身訂做你的款式？

這養老的房子，你可以想想，先滿足自己，再想到你和其他人應該有怎樣的關係和距離。比如你若是單身老人，離醫療系統近就可能是首選，其次才考慮日常生活購物是否方便，把自己最基本最容易帶給家人負擔的事先預備好，才有能力談和家人的關係。因為你的目的是希望家人喜歡、和你開心生活在一起，要開心，你就不能是霸道鬼，就不能是麻煩鬼，當然更不能是窮鬼。做不了讓家人一想到就開心的人，你的養老之旅就會是比魔戒更困難的任務。

單身公寓時代真的來臨了嗎？其實它一直都存在。當我們和家人沒互動時，這個相處就會變成形式，那種做給別人看的互動就是諷刺。每個人的心都是間房子，單身這個身分是在提醒你，沒有獨立的靈魂，任何相愛都會變成依賴。

對於未來，我們不能沒有誠實面對的勇氣，這勇氣就是揭發這種把晚年賴給孩子或另一半的惡習。難道你想像不到，如果你的另一半比你先走，或有更多問題要你照顧？或者孩子不成材，你又要把自己交給誰？

單身公寓，也許是一個從我家走到你家的幸福距離，不要因為怕孤單而去綁住誰，沒有孤單的襯托，幸福不會溫馨。

一夜就是永恆

時間長不代表感情長，緣分短卻燦爛，反而能在記憶裡永遠風光。你能掌握的眼前這一刻都不專心滿足，關於未來，你又能期望什麼。

你害怕一夜情嗎？是怕陷進去，還是怕被人說閒話？是怕陷進去分開後的極度難受，還是這又是你壓抑許久的終極反撲？其實你可能是什麼都怕的人，更怕希望落空，因為你總是把願望許得過大過難，總是在期待前刻意忽略對方的能力，總是要大家都在期待，儘管那些你費盡心力要來的東西，你不一定有享用……

你一定要重視「怕」這件事。怕是一種疾病，會讓你沒有能力做該做的事，會讓你不敢放下又不敢拿起，讓你很容易用放棄來閃避問題，雖然你並不清楚是什麼問題。

其實問題就出在一開始就太慎重太認真。哪一段感情不是從第一次開始的呢？會不會兩人講好先一夜情再說，是個不錯的開始？真的感覺好，就能持續不是嗎？而不是什麼都不了解就決定天長地久，那若沒多久就發現彼此太不和怎麼辦？那些看似很重要的條件其實都只是一時的條件，再多的財產都可能一夕倒閉，再老實的本性很有可能只是看來老實。

在愛人面前，最好的身分就是做個會滿足的人。要你愛的人持續愛你，最簡易的方式就是讓他知道你有收穫的能力，這個能力就是懂得欣賞優點並有能力品嘗經歷。當你滿足了，就證明了對方存在的意義，這種存在對他而言才是讓他繼續留下來的動機。

兩個人在一起的可能有很多種，可以一起抵擋風雨，也能上豪華郵輪環遊世界共度良宵，可以一夜，也能直到永遠。不要狹隘地想只有一種方式，你不知道老天爺這次派來的對手會帶來怎樣的命運，不預設立場，就會多很多可能，該遺憾的、該損失的，該驚嘆的，該享受的……不管什麼，你都滿足，那些都是豐富人生的一種色彩，都是完整人生不能缺少的一塊拼圖。

時間長不代表感情長，緣分短卻燦爛，反而能在記憶裡永遠風光。價值都是後來的回顧，你能掌握的就是眼前的這一刻，眼前都不專心滿足，關於未來，你又能期望什麼。

記得一部電影的劇情是，當戰爭啟動，一對青梅竹馬的高中情侶面臨即將到來的分離，雙方的家長體諒他們很可能要面臨的永隔，於是讓他們相處一夜。這一夜若換成是你的處境，你會怎麼使用呢？你依然會想很多嗎？你什麼都不敢做嗎？還是你會什麼都不管？你會認定這是永恆的記憶？或是告訴自己，就算以後沒有對方，也要好好過下去，讓對方安心？

其實沒有怎樣的做法才是對的，因為任何的執著、用力都會招來壓力，任何放鬆的對應也會引出失去的代價，每一條感情路都有坎坷和順暢，你要單純或複雜都是你的選擇，人生就是一路不斷的選擇。有人享受對愛人傾注付出，有人享受高高在上被捧在手掌心，有人熱中於性和愛的挑逗，有人在乎面子多於一切……重點是，你有沒有能力承擔你這些選項的消費能力，愛情是消費品，要有能力，也要有享受力。

有些一夜情是被迫的，因為某些不可抗拒的天災或人禍，所以走不到第二夜。不要以為走不到第二夜的一夜情就是在輕薄愛情，那些一開始就慎重的把一大堆不知要來幹什麼的萬眾期待都加上來的心態才最複雜。你在心裡盤算的條件都不一定是你想過而有的需要，而是你看著一堆人在排隊就莫名其妙跟上去排的，那種貪小便宜的欲望在生活中久了就會變成一種粗糙的嘴臉，你以為你在護著你們兩人的共同利益，但其實是一種無知的浪費，你只是把你們的感情複製成和大家一樣的樣板。

你們沒有自己的性格，當然也就沒有意識到，你會選擇他，難道不是因為他是你眼中的獨一無二？他和其他人不一樣，你在他心目中也應該是這樣，但你們卻用普世的標準在相愛。

你談過一夜情嗎？真的是說好彼此只要在一起一夜就永世分開？也許你從未想過不要擁有不要期待、只感受當下的純粹愛情，正因為從來不曾想過，才會那麼害怕一夜情。你沒有好好想

過，那種想把一天複製成永遠的計謀其實很難得逞，當你說這世上有很多成功的婚姻、幸福的案例時，會不會其實你根本不敢面對不幸福的大多數？你真的認為感情是靠經營的？還是靠單純享有的心態？

當離婚率越來越高，其實就是告訴我們滿意度在下降。當結婚率越來越低，也是在提醒我們這樣的產品越來越不受人們歡迎。綜合這兩項原因，婚姻是需要來場大革命，就像失去冰原就會失去北極熊一樣。如果你只是不斷欺騙自己，覺得不然還能怎麼樣呢？這種無能為力的認命心態，才是北極熊最後會絕跡的真正原因。

北極熊就是你婚姻裡的愛情，無情的人就會讓這婚姻裡的冰原眼睜睜在他眼中消失。當生命中該有的綠光驚喜不再，當剎那的永恆被害怕包裝成不能到老的憂鬱，當做愛變成報告變成獨占對方的證據，當一夜和永遠變成尷尬的對照……

當你有機會去推翻你長期累積出來的僵硬與困頓，此時的你，真的有勇氣革命嗎？

當純粹的愛還在，一夜，就是永恆。

一個人，不一定是一個人

也許你把自己封鎖起來並與世隔絕，但就是因為有他人，才顯得出你與他人隔絕。你是在這世上的人群中，一個自以為孤獨的人。

也許你把自己封鎖起來了，並與世隔絕；也許你把心也關閉有一長段時間了。

但不表示你是一個人，就是因為有他人，才顯得出你與他人隔絕，你是在這世上的人群中，一個自以為孤獨的人。

有人的孤獨是因為害怕與他人相處，有人的孤獨是因為渴望和某人共度餘生卻未果，有人是被遺棄而孤獨，有人是突然失去自信，有人是享受孤獨……不管是哪一種，這世上人太多，人的欲望又太複雜，連耳根清淨都是難得，更何況要如願地、徹底失去一個人。

所以那些說失去一個人很痛苦的人，他們的說法是錯的。哪可能那麼容易失去？就是因為殘留太多記憶與感受，才讓你痛苦不堪，也就是說，是失去的不夠徹底才讓你難受，真要結束苦難，你就必須再努力地失去他。原來，要把他從這個時刻、從你的心裡失去，是如此不容易。

一個人和自己以外的人群是兩個世界拼圖，他們是彼此的鏡子，沒有對方，就沒有自己的存在感。人生是許多拼圖拼出來的完整，缺一不可，所有的毀壞和建設、美好與殘忍、失落和希望、眼淚和感恩……都是不可少的意義，所以切勿用好不好、對不對來看你的處境，因為你會成長，別人會成長，世界會成長，一時的價值不能為未來定價，每一次痛苦都是要你反省原先的期待。

一個人或不是一個人，都只是你心境上的認定，你可以給它們填上不同的色彩，例如覺得晚年一個人是很淒涼的，例如覺得結了婚就不孤單了，這種期待大都來自社會的主流價值，你只是跟著大家的手法把顏色加上去，你毫不思考也不懷疑地跟著做了，所以你的「一個人」有了偏離事實的定義。

不用怕一個人，一個人不一定是一個人，兩個人也不一定是兩個人。沒有一個人是一個人的，除非你不覺得你身在地球上。就算這世界遺棄了你，也只是把你遺棄到比較偏僻的角落，棄得比較遠一點，不是出局。就因為不是出局，你才會用別人的決定來看自己的存在。

重返單身後，和重返單身前，都是一個人。你只是走進關係後又離開這個關係，只是來來去去，像散步一樣的逛著人生。能這樣的輕鬆，你的單身才能顯現希望的一面。

獨立，才有靈魂。

真正能溫暖孩子的是愛，不是「雙親」這個配備，如果真是那樣，那麼所有單親兒和孤兒成年後理當都有問題，但事實並非如此。

不婚生子

有人說，如果要解決少子化，可以鼓勵未婚生子，因為很多人不是不想生小孩，而是不願結婚。

我把這個建議貼在臉書上，立刻得到瘋狂的回應，這些回應有的很擔憂，有的說剛好跟他想的一樣，有的覺得需要更深入的配套措施……不管是哪一種，都是個值得討論的問題，我列出其中幾個來討論。

有人說，別把孩子當寵物擁有，孩子在雙親的關愛下成長，身心才會健全，不少單親孩子的內心是渴望失去的那一角的。這個擔憂其實有點先入為主，它是建立在雙親才能帶給孩子健全的成長論點上，但真的是這樣嗎？哪個人的內心沒有欠缺呢？雙親萬一是不負責的賭徒呢？硬要把單親說成像生了病一樣的族群，其實很無禮又很愚蠢，我很反對這種偏執的態度。講不出道理，又貶低別人，太相信婚姻才會執著於雙親，才會看不到很多雙親的惡例和單親的善例，不然請說出原因，不要只說結語。很多單親家庭的環境不輸給雙親，真正能溫暖孩子的是愛，不是「雙親」這個配備，如果真是那樣，那麼所有單親兒和孤兒成年後都理當有問題，但事實並不是如此。

又有人說只生不養不教，徒增犯罪及社會負擔……還不如繼續少子化好一點。這個回應也是個偏頗，難道雙親的父母就沒有人在棄養的嗎？很多棄養的人都是已婚的，反而單親和未婚生子負起責任養孩子的例子比比皆是。

更有人說，因為父母們自己的自私，而害了自己的孩子，那跟殺人犯有何差別呢？若要談到有害，很多暴力相向的父母是不是也算殺人犯？另外還有父親外遇棄家的，沒有能力硬要亂生的……

也有人很擔心地問，那會不會是另一種災難呢？災難在哪裡呢？會不會舉出來的例子都是雙親家庭最常犯的？如果不要用過去的價值觀來看，也許就不會用「災難」來看。以前開放自由戀愛時，也有很多人說會天下大亂。

有人很理智的說，要解決少子化，必先解決高達一三％的青壯年失業率，再解決青年低薪困境，順道解決越改越糊塗的教育制度……其實，婚姻是有最低消費的，到底是要重視孩子的成長環境，還是堅持一定要雙親，才是討論這議題前先要確認的。

人若要有更進步的生活，就不能緊抱著過去的習慣，這樣是不會有進步的。那些說要在安全範圍裡進步的人，一旦遇到進步和安全的取捨時，都會直接選擇安全，但是，哪個進步沒有危險性呢？婚姻那麼多惡例，也不見大家禁止啊？

於是有人留言，他說馬上就否定的人才是真正不成熟不適合生養孩子的人，孩子不是生出來就好，婚姻也不是是為了孩子而勉強存在，比起健全的父母，孩子更需要有耐心的照顧者，少拿婚姻當藉口，對那些因為父母結婚又離婚而被棄養的小孩來說，有心養育比那張紙更重要。

更有親身經歷結婚又離婚的人出來說話：「我曾經結過婚，天天吵，小孩也不快樂，我前夫就是個不負責的男人。小孩看得懂，那時女兒才國小就叨念我為什麼不離婚，對小孩來說是不開心的。我離婚九年了，女兒二十二歲，我們日子過得開心自在，不用再受氣，以後女兒不結婚要生小孩我也會支持，誰說相愛就一定要結婚，太不符合現代社會！」

會考慮未婚生子的，越來越多是經濟條件獨立的知識分子，他們會選擇未婚生子是深思熟慮過的，反而不像很多懷著美夢進入婚姻的人。他們會評估自己是否有能力和意願照顧孩子——這也是結婚率越來越低的原因。時代進步了，大家已經越來越明白，真正不負責的是那些喜歡說大話推崇婚姻的人，把責任和壓力堆得像天一樣高，遇到問題就情緒化處理，死守著一堆過時的觀念，壓得下一代想跳樓，那麼多惡例出現也不懂得改進……如果他們要堅持的是這樣的雙親教育，那還不如繼續少子，直到世界末日算了！

討論這個問題，最有意思的地方是：原來我們人類有兩派，一派是想要改變的，一派是不願改變的。

沒有復合，就是已經復合

妳可能沒想過，現在的狀態是對妳最有利的，有思念的距離才有相聚的渴望。這個前夫雖然已不是妳獨有，但妳也遠離了他家人的精神暴力。

也許，妳的老公是外遇的累犯，所以妳為了讓孩子有個完整的家庭，把繼續待在這個爛人身邊的怨氣狠狠地壓了下來。但妳可能不知道，這股怨氣會隨著時日增加利息，而且生活中有太多小縫隙可以紓解部分的怨氣，妳會借刀殺人，藉著孩子出錯的同時一併發洩，妳會用陳腔老梗，妳會說，你跟你爸一樣髒，東西用了亂丟，也不歸回原位……

也許妳會說，連這麼小的發洩都承受不了，要不要想想當初老公外遇時在妳心頭造成的衝撞？是嗎？如果我說，比起妳長年在你們關係裡陰魂不散的怨氣，我認為妳老公的外遇只能算是一次車禍，但為了一次車禍，把往後的日子都賠進去怨著，是不是更大的損失？

面對另一半外遇，妳一直有很多對妳有利的選擇權，比如離婚，比如趁機對他要求一些以前沒想過的保障和條款，比如忘掉過去迎接新的回合，比如因此更了解彼此心底的需求和綑綁，比如讓他看到妳的溫柔引導……有利的是後來的路越來越如你們意，越來越看清楚這個傳統丟過來的婚姻制度有那麼多盲點，妳必須重新審視，妳可以化危機為轉機。

接下來的路不是再一起攜手往前走，就是在此和平分手，千萬不要放不下的糾纏，有恨有怨都只修理到自己，除了讓自己的壞心情可怕地變種，也讓有意跟妳好好走下去的人不知如何是好，壓力重重。

偶爾抱怨，是健康的心理呼吸；持續不停的抱怨，是妳在讓大家因為妳放不下的堅持而一起陪葬，妳卻不知道。要做，就不要抱怨，這件事若做不到，那這個家就永不得安寧，這才是一切後果的源頭。

有位類似案例的妻子曾來信，說她剛離婚一年，有個四歲的女兒。她離婚的原因不是老公外遇，而是婆婆常介入他們的婚姻，比如給他們很大的生兒子壓力，好不容易生了個女兒，又嫌她不會帶小孩，這婆婆有時還誇張到要為這種事鬧自殺。老公在這件事情上又處理得很糟，完全不管妻子是否產後憂鬱，還和家人一起懷疑她偷錢，雖然事後還她公道，但已是離婚後的事。

離婚後，老公多次向妻子道歉，讓她心生復合的念頭。可是，老公嘗到自由的生活後，不願再結婚，只願意和她保持實質的婚姻關係。她很痛苦，她不想沒有名分地在一起，卻也捨不得這樣的相處。於是她每天抱怨，怨老公、怨孩子、怨自己、怨命運……怨到得到也苦、得不到也苦。

所以我回信給她——

還好妳有離婚，讓妳有一年的時間靜心修復，不然妳現在很可能壓力大到沒能力照顧孩子。

也許妳從小就養成跟媽祖吐露心事的習慣，所以妳很常用謙卑的態度去面對和妳有緣的人。妳很怕失去他們，就算受了委屈被人誤會，到最後也是檢討自己：是不是自己不懂分享？其實不是妳不懂分享，是妳的老公不會處理婆媳問題，因為他的媽媽對他也是個問題，他只想要妳配合他採用最簡單的回應方式，就是表面的配合，消極地孝順。

就算妳現在已原諒他當時沒好好保護妳，妳前夫家中的每個難纏的對手，妳還有能力應付嗎？妳現在會想復合，很可能只是一時的，如果沒有這離婚後比較放鬆的一年，是不可能有這種重新開始的念頭的。只要那些壓力再度回來，妳想離婚的念頭也會像妳想復合的念頭一樣熾熱。

不過妳可能沒想過，現在的狀態是對妳最有利的，這個前夫雖然已不是妳獨有，但也代表妳遠離了他家人的精神暴力。雖然他不是妳老公，卻仍保有老公的實惠；妳會想念孩子，是因為妳不用日夜照顧她，有思念的距離才有相聚的渴望，這對你們三人來說，不是絕佳處境嗎？

妳會想不開，是因為妳患了老派的病，總以為有婚姻的空殼才算讓人看得起的身分，捨棄這個舊思想吧！好好享受妳現在什麼都有什麼都不用負責太多的新生活，保有獨立又保有男人和孩子，相信我，這樣的身分比妳在婚姻裡的身分更容易擁有妳的老公和孩子。

別笨了，妳這樣就已經是復合了，別把人人稱羨的命運誤判成末日到來。

怨氣，怨的是不肯放掉的固執，不甘心放掉可以，但請別傷及旁人，即使是針對敵人都不可以，因為妳自以為傷到他，實則卻只會傷到自己，以及其他妳最親近的人。

親愛的，新年快樂！

如果你的不快樂都是別人造成的，那你可能還要不快樂很長一段時間。別人頂多嫁禍於你，不能剝奪你以快樂的心境去看待痛楚。

在新的一年的起始，抱著期盼和過去一刀兩斷重新再來的心情，見了人，在寒風中隨著口中吐出的白霧，說聲：新年快樂！

沒有再多的詞句，過去的人生經歷似乎在提醒所有的人，每一年能解決的難題都不及製造的問題來得多，或者說，我們從未真的看透這些問題，因為問題總在分分秒秒地變化著。

親愛的，當我跟你說新年快樂，這麼老套、全世界仍在流行的一句話，究竟藏著什麼樣的魔力？會不會是千言萬語卻說不出一句盼望，才在辭窮的盡頭看到了轉折的曙光？原來，我們渴望得到問候更勝尋求答案！

那麼，你在乎快樂嗎？不然你怎麼可以讓你越來越不清楚你要什麼快樂？當你越來越不想一下班就回家，那你擁有這個家的意義在哪裡？當你生活中的抱怨已天天在你的情緒中翻滾，你可知你的忍耐都在累積下一次大地震的能量？當你遇到工作上需要你為公道而堅持，你是否還只執著於獲利會不會受影響？當你漸漸變成電影中那群在地鐵上冷漠看著老人或孕婦無位可坐的人……

快樂是不會和冷漠為伍的。不是穿上名牌就能掩蓋冷漠，快樂其實是關心，這關心越無私、越單純、越小……就越結實。它就像晨露，凝聚了一整晚的寒意和溼氣；也像是白雲，走過了沒有路徑的飄流，才領悟了旅程不一定要有終點；更像是節慶，不是緬懷過去或寄望未來，而是慶幸當下還有你同行！

親愛的，關於不快樂，如果你的結論都是別人造成的，那麼你可能還要不快樂很長一段時間。別人頂多嫁禍於你，不能剝奪你以快樂的心境去看待痛楚。你可以怪他不把該帶回來的錢帶回家，可以報警抓他外遇，可以喝止他不得使用暴力，可以上電視呼籲所有人不能以任何理由偷看別人手機的簡訊，可以新解外遇的議題，可以討論如何有空間跟你的另一半說，我們漸行漸遠了……不管是什麼理由，都不能指責他讓你不快樂。快樂，沒經過消化，就只是爽快。一個人若不能以正面的態度去消化所遇到的蠢事壞事爛事，遇到爛事，自己也跟著變爛，那不是很危險嗎？我們還可以用他愛得太專注、太義無反顧來鼓勵他繼續這樣子嗎？這樣的人，男女都有，自古至今一再產生，可見這全都是老派的思維。

新年了，如果你真有心給自己在新的一年開頭除舊布新，就把苦心積慮建造出的價值都刪掉吧！不要恐懼，不是要你拿掉所有的財產，不是要你離婚，更非要你違背傳統。雖然這些惶恐都是自作自受，但你依然可以保有你的身分，我只是要提醒你，用你長期性的掌控習慣來實現人生的願望，不是會讓別人和自己真的快樂的健康心態。當你太在乎你關心的人是否會受傷和失敗時，你就把他人生裡萬千的可能都抹殺掉了。你的可惡就在你怎能這麼霸道地替上帝發出如此武斷的命運撲克牌！

也許我們就是需要把那些過時的壞習慣改掉，也許我們就是不要再假裝和諧假裝還過得去，也許新年對你來說是一年比一年困難，得來不易，也許我們還有另一面隱藏在眾人窺探之外的異想天開，也許「新」必須借助遺忘和絕情，所以獨立才是人最好的身分。那些聽到獨立就覺得不負責和自私的人，才是病態並阻礙時代進步的人。嘴裡說要負責的人，到底清楚要負什麼責嗎？未經過別人允許就去為別人負責嗎？到底是真的想負責，還是只是看前人怎麼做我就怎麼跟？

那天正巧在林炳存大師的攝影棚碰到張艾嘉，原本以為她對婚姻有比較獨立式的思考，但當我問及婚姻可能在這地球消失的論點時，她幾乎是瞪大眼睛說：「哇，沒有婚姻，不就會大亂？」哦，真的會大亂嗎？難道人類不比其他動物，難道不清楚單身的人生活品質比已婚要好？真正會感情出二奶、暴力、性侵孩子、謀奪財產……不都是已婚最容易有的重大問題嗎？這不就是近年來越來越嚴重的新聞大事件？

真的，把我們弄得不快樂的，不是我們心中的那個人，而是完全不敢反思的腐臭觀點！

許常德作品集 4

重返單身

作者—許常德
插畫—小夜燈
主編—陳信宏
責任編輯—葉靜倫
責任企畫—曾睦涵
封面設計—我我設計wowo.design@gmail.com
版型設計—張瑜卿
校對—謝惠鈴

總編輯—李采洪
董事長—趙政岷
出版者—時報文化出版企業股份有限公司
一〇八〇一九　臺北市和平西路三段二四〇號三樓
發行專線—（〇二）二三〇六—六八四二
讀者服務專線—〇八〇〇—二三一—七〇五・（〇二）二三〇四—七一〇三
讀者服務傳真—（〇二）二三〇四—六八五八
郵撥—一九三四—四七二四　時報文化出版公司
信箱—一〇八九九臺北華江橋郵局第九九信箱

時報悅讀網—http://www.readingtimes.com.tw
讀者服務信箱—newlife@readingtimes.com.tw
時報出版愛讀者粉絲團—http://www.facebook.com/readingtimes.2
法律顧問—理律法律事務所　陳長文律師、李念祖律師
印刷—和楹印刷有限公司
初版一刷—二〇一四年十二月十二日
初版十二刷—二〇二三年九月十三日
定價—新臺幣二七〇元
（缺頁或破損的書，請寄回更換）

時報文化出版公司成立於一九七五年，
並於一九九九年股票上櫃公開發行，於二〇〇八年脫離中時集團非屬旺中，
以「尊重智慧與創意的文化事業」為信念。

重返單身／許常德　著
初版. -- 臺北市：時報文化, 2014.12
面；公分. --（許常德作品集，04）
ISBN 978-957-13-6138-3（平裝）

1. 戀愛　2. 兩性關係

544.37　　103023625

ISBN 978-957-13-6138-3
Printed in Taiwan

BOY

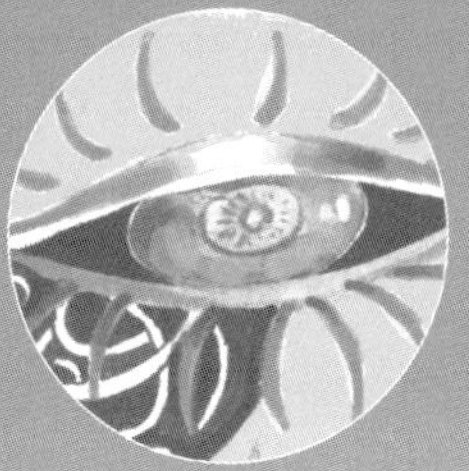

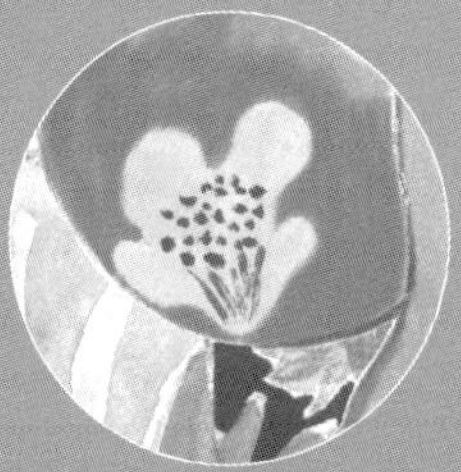